周言、方塈——編

未完成的革命

辛亥革命論壇演講錄

辛亥百年
銳于千載

章开沅
辛卯冬于武昌

哈佛大學中國同學：

你們今年舉辦辛亥革命百年紀念會，邀請各地學人參加講演和討論，這一創舉充分表現出你們的思想深度和歷史眼光，令人敬佩。我因為年齡已高，不宜遠行，不能親來參與盛會，十分抱歉。

辛亥革命推翻了幾千年的帝王專制，使中國成為亞洲第一個共和國，這是中國人的光輝成就。但一百年來，民主、自由、人權、憲政等等價值還未能實現，以致使共和國虛有其名。這是很使中國人失望的。我相信這次你們所主持的這一紀念大會一定會推動上述種種普世價值在中國傳佈和成長。敬祝

大會成功！

余英時

辛亥革命一百年十一月一日

序言
不確定的遺產

裴宜理

在辛亥革命百年之後，人們不禁會問，其留下的恒久遺產是什麼。然而這個問題卻頗費躊躇。辛亥革命通常被我們視為一次政治革命，而不是社會革命。儘管辛亥革命給中國的政治體系帶來了根本性的變革——消滅了封建帝制並建立了一個共和政府——它卻沒能給社會關係帶來同樣的變革。與一七八九年法國大革命，一九一七年俄國革命以及一九四九年中國革命這些「大革命」們不同的是，辛亥革命對階級結構以及產權制度的影響微乎其微。

此外，如果以後見之明來看上一世紀，辛亥革命的政治影響也相當有限。辛亥革命之後出現的新共和政權被證明是既軟弱又短暫，很快落入軍閥混戰，隨後又先後被民族主義者和共產主義者創建的列寧主義黨派所取代。還處在搖籃期的民主的希望便被今天這個眾所周知的世界上最強大的專制國家的演變所吞噬。

難道這就是歷史的結局嗎？在政治學家史謙德（David Strand）的新書《一個未完成的共和國》中，他提出中國的辛亥革命並不是失敗，只是尚未完成。[1]根據史謙德所言，辛亥革命給中國留下了曠日持久的共和主義政治文化，它以鼓舞人心的演講，喧鬧的集會以及粗獷的示威為特點，使人民在政治上能以平等的地位與領導者對話。

史謙德指出，這種政治文化所留下的持久影響可以從一九四九年後中華人民共和國史上每十年就重複爆發一次的公眾爭論中得到驗證。儘管史謙德承認民族主義者和共產主義者各自黨派和政權的先後建立開啟了中國專制政權的命運，但他也指出共和力量大有希望使中國民主化，而這只是時間的問題，就像發生在其他曾經的列寧主義政權的那樣，從臺灣到東歐再到前蘇聯。[2]

二〇一二年臺灣地區的總統選舉見證了臺灣自辛亥革命以來時斷時續進行著的民主政治歷程的成熟，它強有力地證明瞭中國政治文化與民主之見並非有著不可逾越的鴻溝。但

---

1 史謙德《未完成的共和國：近代中國的思想與行動》（柏克利：加利福尼亞大學出版社）

2 史謙德：5-7

臺灣地區富有啟示性的經驗並非預示著共和國也會有相同的發展。誠然，中國（和臺灣地區一樣）一直將辛亥革命的領袖孫中山尊稱為現代中華民族之父。同時中國也時不時地以民主的名義發起一系列的政治改革——從毛澤東時期的「新民主主義」到後毛澤東時代的村莊，小區以及人大選舉。

更進一步，由當代各類積極行動者發起的所謂「權益保護運動」，涉及空氣質量、食品安全、廉價住房和其他涉及普通民眾關心的問題，表明了普通市民還沒有喪失向政治領導人訴說真相的慾望。然而從一些方面來看，相比短暫的共和政權過渡期以及其後來在臺灣的發展，中國大陸目前的政治現象更能讓人想起辛亥革命本該推翻的長期存在的帝國政權。

史謙德描繪的辛亥革命，具有好爭辯的政治文化，持槍的女權主義者強行進入參議院所在地，用扇子直接扇了民族主義者領袖宋教仁的耳光。與此形成鮮明對比的是，今天的示威者——就和帝制中國時期的一樣——他們僅僅是責備基層官員破壞了高層的指令。儘管當代中國的示威活動響亮而激烈，它們卻很少直接挑戰中央政府的領導及其政策。示威者顯示出了我在其他書中描述的「規則意識」（rules consciousness），這樣他們實際上是通過接受中央政府的說法並表現出對領導者的尊敬來確定政府的正統性。[3]現代的示威

3 裴宜理《遵循規則的大眾抗爭》，傅士卓編《今日中國與明日中國：國內政治經濟與社會》，2010.：11-28.

者忠誠地呼籲政府的政策法規，甚至不惜對中央政權俯首稱臣（如一九八九年人民大會堂的學生請願以及此後幾十年下崗工人不停在政府辦公室前的所作所為），當代抗議者的行為進一步強化而不是削弱中央政府的統治權。

史謙德認為「暢所欲言、正直與有警惕心的公眾的遺產」是辛亥革命所取得的成果，[4]這種傳統發展到一定程度會鞏固而不會抵制中央政府的權威，這點可能可以通過審視早至帝制政權時期的更為古老的政治文化中得以體會。[5]但是無論我們將當代人民的積極主義追溯到何時，顯而易見的是，在中國，國家和社會的關係是不斷變化且無法預測的。在某種特殊的環境之下（如蔣經國統治之下的臺灣），廣泛存在於社會的不穩定性有益於民主轉型，但在其他環境之下（如今天的中國大陸）氾濫的示威可能反而會導致更加強大的專制統治。

儘管現在評估辛亥革命的遺產顯然還為時過早，毫無疑問的是它開啟了一個動盪的世紀，這個世紀充滿著對足以取代歷史悠久的帝制的現代政治體系的不斷渴求。辛亥革命的一個影響是確定了帝王制不再是一種適合中國的國體形式。另一個影響就是鼓勵更多的公

4 史謙德：290.
5 裴宜理《挑戰天命：中國的社會抗爭與國家權力》（阿蒙克，紐約，M.E. Sharpe出版社，二〇一二）引言

眾有意識的去瞭解和參與政治討論。

但是仍然懸而未決的，是國家與社會之間就哪種政體從長遠看來更適合中國的共識問題。中國共產黨一直積極努力地去避免二十多年前降臨在大多數其他共產主義國家身上的厄運。從過去的革命中汲取部分經驗，創新性地將強制性手段和應對性手法相結合，展現出了不同尋常的靈活性和適應性。[6]今天，這些努力獲得了意想不到的成功，但是深處的不穩定性困擾著深思熟慮的中國政府官員，也同樣困擾著普通民眾——只要預測一下他們現行政治體系的未來就可以知道，辛亥革命實際上遠未完成。

周言　邱婕譯

6 韓博天、裴宜理編《毛的看不見的手：柔性治理的政治基礎》（劍橋，麻省，哈佛大學出版社，2011）

目次

論文選

演講稿選

論文選

辛亥百年遐思

章開沅

也許是職業使然，我歡喜反思。歷史學家不僅僅是歷史的紀錄者、傳承者、守望者，還應是闡釋者與思索者。反思並非懷舊，更不是迷戀往昔；應該通過不斷反思，把過去、現在、未來聯結起來。司馬遷早就參透其中奧秘，他說：「究天人之際，通古今之變，成一家之言。」沒有「究」，沒有「通」，就難以成一家之言。

對於辛亥百年的反思，有兩層含意：一是反思辛亥革命百年以來的歷史，一是反思百年以來的辛亥革命研究。

早在一九九〇年，我在海外即已開始這種反思。為紀念辛亥革命八十周年撰寫的《辛亥革命與「只爭朝夕」》著重從社會心態轉變的角度，探討辛亥前後逐步形成的歷史緊迫感，以及其後衍化而為急於求成的民族潛在心理，如何影響近百年中國歷史進程。十年以後，為紀念辛亥革命九十周年，又撰寫《珍惜辛亥革命的歷史遺產——以世紀意識為例》，對二十世紀以來兩次「世紀熱」或「世紀迷思」進行對比。發現當今中國世紀話語已經逐步形成意識形態，時間量度轉化成為價值標準，乃至衍生過高的幸福預期。我頗為感慨：「這種淺薄的狂熱及其影響之深遠，又是百年前那一代在中國宣揚世界意識者所難以想像的。今昔相比，我總覺得缺少幾分當年的真誠，更缺少當年那麼深沉的憂患意識與強烈的自我鞭策。」可惜我的「盛世危言」被淹沒於新千禧年的舉國狂歡。

去年歲尾，紀念辛亥革命百年的熱潮提前湧現，日本率先在神戶、東京兩地舉辦「寄語辛亥革命百年」等系列活動。今年年頭，香港中文大學與香港大學又先後舉辦紀念性學術論壇。為了應對海內外各界人士的詢問，我匆忙撰寫了《百年銳於千載——辛亥革命百年反思》一文，大體上勾勒出自己對於歷史本身及其研究兩重盤點的思緒。由於時間倉卒，又是發言稿，未能有所展開。現借哈佛大學辛亥革命紀念會的機會，僅就以下幾個問題略加陳述。

一、為什麼提出需要對辛亥革命進行上下三百年探索？

這是由於辛亥革命的背景、起因、進程、後果、影響，需要進行長時段的縱橫考察，才能談得上是對其本身以及歷史遺產的真正盤點。這正好是過去辛亥革命研究的薄弱環節，應該借辛亥革命百年反思給以補課。

這並非研究者個人的過錯，因為中國近現代史是新興學科，至今尚未完全脫離童稚階段，很難與秦、漢、唐、宋等歷經多少世紀的成熟史學相提並論。加以一九四九年以後中國近代史學科又是先天不足、後天失調，被一九四〇年與一九一九的上下限「斬頭去尾」，所以我們曾稱之為「八十年政治風雲」。這樣極其有限的歷史時空，作為課程教學已屬不妥，遑論必須上下千百年探索才能把握的史學宏觀。進入二十一世紀以後，由於學術研究管理不當，過於簡單量化的指標體系形成誤導，所謂「短、平、快」的速效追求，促使研究課題越來越小，缺乏必要的廣闊視野與縱深發掘，上述固有缺點更為彰顯。所以我提出「三個一百年」，即一百年歷史背景，一百年的歷史本身，都需要通盤研究，同時還要進行未來一百年的展望。這也許可以稱之為「矯枉必須過正」。

但我並非忽略細節研究。我一生大部分精力都用於做專題研究乃至個案研究。對於現時許多學者通過細節復活歷史場景的辛勞與業績，我一直密切注意並給以較高評價。去年在中山市參加紀念辛亥革命一百周年的學術論壇，有些學者提出辛亥革命研究日益「碎片化」的問題，會後媒體報導過於簡單，未能將嚴肅的「細節研究」與刻意的「碎片化」區別開來，這就很容易引起誤解。特別是像辛亥革命這樣的晚近史事，很多細節我們還不夠瞭解，甚至長期因襲錯誤成見乃至無根傳言，更需要嚴謹紮實的細節研究與考訂注疏，才能逐步實現「信史」的追求，而其終極目標還是歷史的總體整合。但個別自我標榜「後現代」者，刻意把既往歷史「解構」，化為「碎片」乃至任意「顛覆」，這卻是不足為法的走火入魔。

二、歷史遺產的兩重因素

如同其他具有深遠影響的重大歷史事件一樣，辛亥革命歷史遺產既有正面因素，也有負面因素。我們應該正確對待這兩重因素，不可只講一面，回避另一面，而且還應該努力講夠講透。

譬如「共和國觀念從此深入人心」一類話語講得最多，似乎已經講夠，但實際上卻未講透。何謂「共和國觀念」？何謂「深入人心」？都停留於字面意義，過於籠統、抽象。「共和國觀念」因人而異，不同人群有各自不同理解，應該進一步深入探究。與此相關聯的是，「共和國觀念」在部分精英群體中可能確實「深入人心」，但是對於眾多草根民眾來說，即使膚淺理解已屬難能可貴，又怎麼談得上是「深入人心」。如果真是全民都「深入人心」，中國的民主與法治早已實現了。「共和」一語又不僅僅是觀念，它還有一整套政治架構，包括制度、機制及至禮儀、服飾等等，都與帝王專制有明顯差別。民國初年，除袁世凱因復辟帝制自取滅亡外，北洋政府其他執政者即令是虛應故事，也或多或少折現出時代的進步，不然何以當時的首都竟然成為新文化運動的搖籃，其影響不僅遍及全國，而且影響整個歷史進程。「無量金錢無量血，可憐購得假共和。」作為當年的革命志士，他們歷經失敗，以詩詞宣洩極端悲憤，這是可以理解的，但是作為整個辛亥革命的評價則未免失之於情緒化的偏頗。在世界近代歷史進程中，形勢總是比人強，革命的絞殺者因應形勢而在某種意義上被迫執行革命「遺囑」的先例，並非鳳毛麟角。

因此，我特別強調歷史的延續性與複雜性。孫中山說同盟會的成立曾使他感到革命可以「及身而成」，但直到臨終他還在念叨：「革命尚未成功，同志仍須努力。」革命並未在孫中山生前「及身而成」，但革命也並未在孫中山身後猝然終止。以歷史的廣角鏡來看，辛亥革命開闢的走向共和之路，至今我們繼續在走。我們不能把眼光局限於革命，共和的追求不僅限於革命，更多的還得靠後繼者的鍥而不捨的追求與實踐。我主張放大眼界，將兩岸四地（大陸、香港、澳門、臺灣）作為一個整體，來研究辛亥革命以來的中國民主進程，也許可以獲得更多真知灼見。因為中國這幾個地區雖然歷經分合、背景各異，但是畢竟都承載著辛亥革命的遺產與影響，都在不同條件下探索並實行孫中山揭開序幕的民主共和之路，其中自然包含極其豐富的經驗教訓可供總結。

辛亥革命的負面因素，就其大者而言，主要有兩方面：一是由於當年的狂熱宣傳，以及其後革命者或自認是革命者的意識形態營造，也還有我們這些辛亥革命的研究者長期因襲成見，革命從手段提升為目標，乃至衍化為至高無上的神聖。此乃幼稚的荒唐，而在現實生活與學術研究中卻長期成為精神枷鎖。二是由於當時「反清革命」的社會動員需要，在宣傳「華夏」、「炎黃」正統觀時夾雜許多大漢族主義的偏激情緒。儘管其後從「排滿」轉為「五族共和」，辛亥革命領導人及其後繼者為中華民族的認同與整合做了大量有益的工作，但大漢族主義的形成已是年深日久，很難在兩、三代人期間徹底清除。因此，現今在弘揚所謂中華民族凝聚力、舉辦祭祖尋根等大型盛典時，不可不警惕曾經為辛亥革命張揚過的漢族中心主義負面影響的滋生。

二、有關辛亥革命性質的爭論

有關辛亥革命性質的爭論，在一九八二年四月芝加哥亞洲學會年會上，成為海峽兩岸學者爭論的焦點，會後又被海外少數中文媒體炒得火熱。其實那次研討會整個也只有兩小時，我與張玉法先生的所謂「交鋒」與「答辯」加在一起也不到半小時，其間還夾雜著聽眾的提問與我們的回應，而且也並非只有一個話題。由於當時兩岸關係仍然處於對立狀態，加以某些有政治傾向性的海外媒體惡意歪曲、攻訐，我不得不發表《關於辛亥革命的性質問題——答臺北學者》一文，比較全面地闡明瞭自己的主張。

我的觀點可以簡單表述為：「辛亥革命是一次不成熟的資產階級革命」。張玉法諸先生則認為辛亥革命是一場「全民革命」，而且當時中國還沒有嚴格意義的資產階級。許多海外學者認為我是拘守馬克思主義的公式，有些臺灣學者更認為是蓄意貶低孫中山先生領導的偉大革命。

其實歷史事件本身大多沒有自我定性，所謂「定性」乃是後人（特別是文史學者）的分析與認知，所以辛亥革命性質問題長期存在各種各樣分歧也不足為奇。

我讀過馬克思、恩格斯若干重要著作，也確實受過深刻影響，但指認辛亥革命為資產階級革命，確實並非起源於或拘泥於馬克思主義。早在馬克思主義出世以前，有些西方資產階級經濟學者已經對社會各個階級作過經濟分析，法國復辟時期的史學家，從梯葉裏到基佐、米涅、梯也爾，都曾把階級鬥爭作為理解法國中世紀歷史的鑰匙。我在金陵大學讀書時，曾選修馬長壽先生主講的社會學課程，多少接觸若干社會結構、社會功能的學理，所以自認並非特別拘泥於馬列主義教條。所以我在上述文章中強調：「判斷一次革命的性質，不能僅僅根據領導這次革命的黨派團體的宣言和領袖人物的主觀願望，更重要的還是必須認真考察其主要的社會實踐，以及由此而產生的主要社會效果（有些西方學者稱之為社會功能）」。現在有些學者主張用「民族民主革命」一詞取代「資產階級革命」，但「民族民主」難道不也是屬於「資產階級革命」範疇嗎？

至於說什麼貼上「資產階級革命」標籤是蓄意貶低辛亥革命，我捫心自問確實沒有這種意圖。資產階級革命與無產階級革命只有時間序列的差別，並不存在高下之分。前些時有少數網友批評我們沒有與中央領導保持一致，應該給他們（似為辛亥革命後裔）一個說法。我認為這是一種誤解，與當年若干臺灣學者對我們的誤解有些相似。因為我們開始編寫《辛亥革命史》的時候，「立足於批」的「左」傾思潮仍然氾濫史壇，所謂「資產階級中心論」、「資產階級決定論」、「資產階級高明論」依舊禁錮人們思想。「四人幫」垮臺以後，我們為促進編寫工作順利開展，首先就是徹底肅清這「三論」的流毒，解放思想以後才得以營造一個比較寬鬆自由的寫作環境。在我們的心中與筆端，資產階級在歷史上是一個進步階級，是引導社會前進潮流的階級，絲毫沒有貶低之意。

我認為，甚至在現今的中國，社會科學家的學術評價，資產階級（以民營企業家為主體）也不是一個貶義詞。因為歷史的錯誤，中國至今仍然不是資本主義發展太多，而是非常不足。市場經濟離不開資本主義，所以鄧小平說五十年不爭論什麼是社會主義，什麼是資本主義。這是政治家的大智慧，是不言而喻的真知灼見。可是至今不少人還諱言資本主義、資本家、資產階級，但是又不得不高談闊論什麼「非公營經濟」，什麼「社會新階層」，羞羞答答、含含糊糊，「猶抱琵琶半遮面」。作為真正的學者，有這樣的必要麼？大家心裏都明白，現今的世界早已不是過去那樣兩大陣營界限分明。在許多國家與地區，資本主義與社會主義都是你中有我、我中有你，不再截然兩橛，至少是不再如冰火互不相容。所以眼下的中國，儘管社會結構與階級結構與過去已經有很多變易，但是民營企業和企業家仍然在發展國民經濟的過程中發揮重要作用，即令是被稱之為資產階級（或中產階級），也是社會革新的承載與推動力量，大可不必為此感到委屈。

還是蘇東坡的詩說得好：「橫看成嶺側成峰，遠近高低各不同。不識廬山真面目，只緣身在此山中。」看山如此，治史又何嘗不是如此，必須橫看、豎望、遠眺、近觀、俯瞰、仰視，然後才能經過比較、分析，綜合成為比較切近真實的總體形象。在歷史研究過程中，視角不同，映象各異，認知必有差別，此乃常情。史學不同於政治，然而都需要有尊重不同意見的雅量。一言九鼎，定於一尊，已經不是那個時代，更沒有任何人敢於如此狂妄！

四、說不完的孫中山

早在上個世紀九十年代之初，我已經思考「中國史學尋找自己」的問題。一九九三年六月在日本京都大學演講，又提出孫中山研究也有「尋找自己」的問題。所謂「尋找」，有三重含義：一、尋找真實的孫中山；二、尋找自己的研究方法和風格；三、尋找對孫中山新的理解。並且明確指出：「孫中山在一九一三年中華革命黨成立之後，已被樹立為至高無上的偶像。但他畢竟是一個活生生的人，不是抽象的政治符號。因此，必須用適合研究人的方法來進行探討，不能滿足於以既往慣用的簡單公式來推演。」

現今已進入「讀圖時代」，孫中山的許多老照片應該可以幫助我們把孫中山還原成「活生生的人」。但是很遺憾，不僅是攝影師、新聞發佈編輯，甚至連他本人都太政治化了。我很尊重孫中山，但看了大量照片都是過於嚴肅，充滿憂國憂民的焦慮，似乎總是承受著無窮無盡的使命感與責任感的沉重。我覺得這些照片好像缺少一點什麼，但又苦於講不清楚。直到今年年初，在香港孫中山紀念館看到一張家藏照片，作為父親的孫先生兩臂伸開，擁抱著兩個花季女孩，嘴唇微張，笑容滿面，而且笑得那麼甜蜜。彷彿已經忘記一切，全部生命都在這一剎那沉浸在父女溫馨的幸福感之中。我終於找到自己一直都在尋找的東西，那就是潛藏在偉人心靈深處的真實人性。

我認為孫中山並非十全十美，世界上任何偉大歷史人物都不是十全十美，包括已被人們奉為「後世師表」的孔老夫子。孫中山在辛亥革命期間，有重要貢獻，也有不少錯誤，甚至嚴重過失。比較明顯的是他始終堅持海外「輸入式」的少數志士潛入沿海城鎮舉義的僵化模式，終於在一九一一年春黃花崗起義全軍覆沒，精英傷亡殆盡，此乃極大戰略錯誤。再則，武昌起義前，同盟會已呈分裂態勢，孫中山自控南洋支部，光復會重新獨樹一幟，長江中下游革命骨幹另立中部同盟會，原有同盟會總部形同虛設，凡此種種，孫中山不是沒有自己的過失，作為領袖人物，至少是處理失當。

民國肇建以後直至護法戰爭，孫中山也不是沒有這樣或那樣錯誤。但如果因此就斷言孫中山「一無是處」，我卻期期以為不可。我們總是說辛亥革命是舊民主主義革命，其失敗實為必然。但是新民主主義革命畢竟是在舊民主主義革命的基礎上產生的，應該說前者就是後者的繼續。顯而易見，「五四」時期標榜的民主與科學兩大課題，辛亥革命時期不僅早已提出，而且還進行熱烈廣泛的討論，實際上已為「五四」新文化運動提供必要鋪墊，也為又一輪偉大思想解放潮流啟開了閘門。評價偉大歷史人物，主要應客觀考察他比前人多做了哪些工作，為社會進步有多少推動；而不是專門挑剔他比後人少做了哪些工作，比現今有哪些不足。我歷來提倡治史必須「設身處地」，然後才談得上「知人論世」。

甚至展望未來百年，面臨國際國內諸多新的嚴酷問題，我們也還可以從孫中山與辛亥革命遺產中取得借鑒並汲取智慧。譬如應對全球化的洶湧浪潮，孫中山早就未雨綢繆。他在晚年極其關心未來世局的變化，如「王道」、「霸道」的抉擇，「民族主義」與「世界主義」的關聯，都有許多深刻的前瞻性的探究，堪稱與現今後現代的「全球地方關係」（global-local relationships）或「全球地方化」（glocalization）一脈相通。孫中山從來都是「知行合一」，他以「恢復中華」作為自己革命生涯的發端，但是從來沒有把民族主義的範圍局限於中華，更沒有以此作為最後的目標。他認為民族主義是世界主義的的基礎，因為被壓迫民族只有首先恢復民族的自由平等，然後「才配得上講世界主義」，也就是把自己的民族解放擴大為實現整個人類解放的世界主義。我在世界各地鑒賞他遺留的題詞，好多都是「博愛」、「天下為公」、「世界大同」，他既是中國人民偉大的政治領袖，也是名副其實的世界公民。高風亮節，博大胸懷，堪為後世楷模。

孫中山不僅在世時，已有許多不同評價，即使在身後也褒貶不一。只有從來不大歡喜孫中山的張謇，倒是說了幾句可以為多數人接受的公道話。一九二五年他在南通追悼孫中山大會上說：「若孫中山者，我總認為在歷史上確有紀念之價值。其個人不貪財聚蓄，不自諱短處，亦確可以矜式人民。今中山死矣，其功其過，我國人以地方感受觀念之別，大抵絕不能同。然能舉非常大事人，苟非聖賢而賢哲為之左右，必有功過互見之處。鄙人願我國人以公平之心理、遠大之眼光對孫中山，勿愛其長而護其短，勿恨其過而沒其功，為天下惜人才，為萬世存正論！」

正如永遠也編不全《孫中山全集》一樣，恐怕僅就如何評價問題也永遠說不完孫中山。歷史本來就是如此複雜，史學因此才呈現綿長。張謇不是歷史學家，但其「知人論世」並不遜於歷史學家。謹將這位企業家的建言，奉獻給現今正在紀念辛亥百年的國人！

立憲派的「階級」背景

張朋園

一、序言

辛亥革命時期的立憲派，長久以來吸引著我的好奇心，一九六九年我發表《立憲派與辛亥革命》一書，曾對他們有所敘述和分析。分析的案例是諮議局的一六四三位議員。不幸那時此一研究遭遇種種困難，即使是議員名錄亦不完整，議員的年齡、學歷、出身背景等，更是多有殘缺，所得實屬一鱗半爪。雖然如此，我還是大膽的就僅有的資料作了一個分析。①我一直不滿意此一研究，決心繼續搜集資料，冀望有一天再寫一篇文章，能把立憲派人的面貌，原原本本的呈獻給學術界。年前北京之遊，有幸能在故宮第一檔案館閱讀史料，在驚喜的情況下發現七省諮議局議員名錄及相當完整的出身背景。隨後耿雲志先生賜寄江蘇、浙江兩省諮議局議員題名錄，加上原先已有的六省資料，合共為十五省，已超過了總數（二十一省）的三分之二。將新舊資料合併分析，抽樣的誤差似已減少到最低限度。在無法求全的情況下寫成本文。如果能得方家指正，提供進一步的資料，將是感激不盡。這是本文的第一個目的。

談辛亥革命，「立憲派」這個名詞一向是含著諷刺意味的。清末內憂外患嚴重，國勢阽危，亟起獻身救國運動者，分為兩大流派：革命黨與立憲派。從事立憲是在現狀下求改革，主張革命則力圖推翻現狀，兩派水火不容。結果革命爆發，滿清政權推翻，革命黨是成功者。立憲派所擁護的現狀消失，是失敗者。原先兩派立於對等的地位，革命後立憲派無有容身之地，深恐他人舊事重提，自此隱姓埋名。革命黨人則大寫回憶錄，追述他們的「燦爛光輝」事蹟，今天在臺北的革命黨史庫中，保存著革命黨人的點點滴滴，應有盡有。加上革命黨史家的「發揚光大」，革命黨「功在國家」，大家歌頌。而立憲派大江東去，了無蹤影，任人嘲笑。本文借敘述立憲派背景之便，研究其性格特徵，指出其在辛亥革命中的角色，有其性格上的限制。這是本文的第二個目的。由於我的訓練淺陋，是否帶有偏見，敢請同好學者明鑒指正。

二、立憲派的階級背景

立憲派原先並無組織，服膺君主立憲的人，各自有其主張，偶而借報章雜誌互相呼應，沒有實際行動。宣統元年（一九〇九）諮議局之設立，立憲派獲得了結合的機會。全國二十一個諮議局共計選出一六四三位議員，[2]立憲派人大多競選成為議員，以諮議局作為議論場所。他們發動請願，逼使清廷將九年預備立憲程式縮短為六年。辛亥革命爆發，他們捲入了革命的狂潮中，有所影響。

諮議局人士的背景是什麼樣的？我過去曾就六省議員的背景資料做了初步的分析。現在我的資料增加為十五省，出乎意料，所得結論與舊日者竟是大同小異，茲將原先的結論及統計上的些微修正引述如下：

（一）他們是出身於舊科舉制度下的紳士階級：表一所示，他們89.13%皆具有傳統功名，相對的，只有10.87%不具功名背景。各種功名的分配，進士4.35%，舉人21.27%，貢生28.73%，生員34.78%。依照張仲禮的分法，上層（包括進士、舉人、貢生）占54.35%，下層（生員）占34.78%，顯示上層紳士為多數，很有勢力。二十一省六十三位正副議長，進士有三十二人，高達50.79%，舉人十九人，30.16%；貢生三人，4.76%；生員四人，6.35%；不具功名者五人，7.94%，更可得見紳士陣營之強大。③

表一、十五省諮議局議員功名背景

	進士	舉人	貢生	生員	其他	合計
奉天	3	7	22	12	9	3
吉林	0	2	9	8	11	0
黑龍江	0	0	1	10	19	0
直隸	5	34	33	69	14	5
江蘇	8	30	41	38	9	8
安徽	2	14	32	25	10	2
浙江	4	22	40	36	9	4
福建	4	24	19	28	3	4
湖北	8	15	41	28	5	8
山東	5	20	20	52	6	5

河南	9	26	19	38	4	9
陝西	3	11	24	20	8	3
四川	2	32	25	55	12	2
廣東	3	25	29	18	20	3
貴州	0	12	15	11	1	0
共計	56	274	370	448	140	56
%	4.35	21.27	28.73	34.78	10.87	4.35

資料來源：奉天《奉天省諮議局第一次報告》，奉天通志，（民二十三年）卷一五五－一五六。

吉林、黑龍江、直隸、安徽、福建、河南、貴州：《諮議局議員名錄》，北京第一檔案館・抄件。

江蘇：江蘇省諮議局議員名錄（耿雲志先生提供）。

浙江：浙江諮議局議員名錄（耿雲志先生提供）。

湖北：《選舉表》，湖北通志（民十年）卷十，頁七二－七三。

山東：《憲政編》，東方雜誌，宣統元年七月號。

陝西：《選舉》，續修陝西通志稿，（民二十三年），卷四十三，頁五〇－五一。

四川：辛亥革命回憶錄，第三次（北京，文史，一九六二），頁一六四－一五一；又見《四川諮議局籌備處分配議員表》，四川保路運動檔案選編，（成都，人民社，一九八一），頁一〇九－一一八。

廣東：廣東省諮議局編，稽查錄，（宣統二年），頁一－七。

說明：包括後補議員在內。

（二）他們曾在中央或地方政府擔任職務，多為中級官吏，最高者為監察御史，最低者為州縣教諭。沒有任官的，多以捐納方式獲得職銜。

（三）由於時代變遷，（廢科舉、興學校）部分具有傳統功名者，隨著轉變，曾入新式學堂攻讀，或負笈海外。據目前所得資料，一六四三人中，一六七人（10.16%）接受了新式教育，本國學堂畢業者六二人（3.77%），日本留學者一〇五人（6.39%）。一人兼具傳統與新式教育，可謂新舊合璧。

（四）他們的家庭多數富有。諮議局選舉章程中規定，家有五千元以上資產者，亦可以參加競選。在當選議員中，僅陝西省議員七人、山東一人、貴州一人以資產資格當選。實際的情形當不止此。科舉功名與家庭殷富是不可分的。雖然獲科舉功名者亦有寒士，究為鳳毛麟角。舊日科舉，十年寒窗，若非家道殷富，幾屬不可能。留學海外，更只有富有人家才能做到。（五）他們大多數是四十三歲上下的中年人。目前所獲資料，奉天、黑龍江、江蘇、湖南、四川等五省議員的年齡記載完整。平均奉天四十五歲、黑龍江四十歲、江蘇四十二歲、湖南四十五歲、四川四十二歲，五省平均為四十三歲。④

這五種背景形成了他們既保守又進取的性格。保守的因素在於他們的功名與家庭富有。功名得來不易，有功名進而為官，退則為紳；前者參與政治，後者是地方上的名流領袖。功名既已到手，絕不輕易放棄。科舉制度雖已廢止，如果清室不亡，既得的利益可以繼續享受。家道殷富者最怕社會動盪不安，影響他們的財富。這是常理，可以肯定紳士階級是保守的。

但新式教育使他們趨向進取。新式教育使他們認識了國家內憂外患的嚴重性。身為社會的領導階層，有心起而改革。改革是在現狀下為之，改革是有限度的，以不動搖社會的穩定性為原則。因此，他們絕不革命；革命會動搖既有的社會基礎，會影響他們的既得利益，這是紳士階級所畏懼的。

三、立憲派反對革命

有了以上的瞭解，便不難認識立憲派人在辛亥革命中所扮演的角色。武昌起義之後，何以革命會在短短的一百二十五天就結束了？我曾經為文加以討論。我認為革命狂潮之迅速消退，是因為革命黨中溫和型領袖與立憲派中進取型領袖達成協議的結果。革命時期的人物，大別可以分為激進、溫和、保守三個類型。所謂激進、溫和與保守之分，如果我們試用溫度計探測，所顯示的就是對於時局反應的冷熱之不同。激進的要求改變現狀，其熱度可能超過了沸點。保守的冷漠改革，可能冷漠到了冰點。只有溫和型的人，取的是中庸之道，不過熱也不過冷。一般而言，走極端的少，持中庸的多。我們用一個菱形◇來表示，其位於上端者，是激進的；位於下端者，是保守的；位於中間者，是溫和的，其多寡關係十分明顯。其實，激進、溫和、保守這三個類型的自身又有程度的不同；激進中更有激進者，保守中更有保守者，溫和型的也有或多或少程度上的差異。三個菱形並置，可能有一部分是重疊在一起的，其形狀如圖一。

造成激進、溫和、保守的因素，除了家庭社會背景之外，教育亦有相當關係。清季之世，儒家文化趨向保守，西方文化強勢出擊。接受西洋文化者進取，固守儒家文化者保守。革命黨人多數羨慕西洋文化，力圖效法；保守

革命黨與憲派關係圖

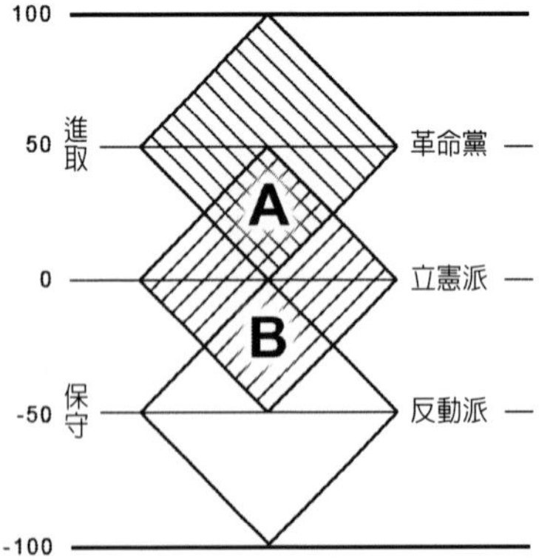

圖1

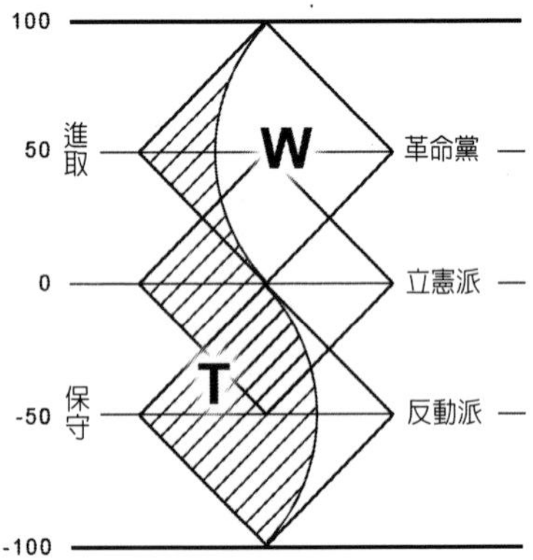

圖2

派固守傳統，一成不變；立憲派半新半舊，有進取，有保守。再以三個重疊的菱形表示，以S分開傳統文化（T區）與西方文化（W區）的影響，可以看出三個黨派的新舊教育關係。（圖二）當然，並非沒有例外，在此不必深論。

這三個菱形，用以形容辛亥革命時期的三個黨派，不難窺其互動關係。革命黨中的溫和型者，在某種程度上與立憲派中的進取型者是重疊的。（圖一A區）同樣情形，立憲派中的另一部分，又與保守派重疊（，圖一B區），所以辛亥革命爆發後，部分立憲派人與革命黨人合流，另一部分則走向反動；湯化龍與林長民傾向於與黃興、宋教仁等妥協，屬與前者（A區），甘肅諮議局張林焱等欲迎溥儀西狩建小朝廷，屬於後者（B區）。史家論革命黨人物，孫中山、胡漢民屬於激進中的激進者，黃興，宋教仁屬於激進中的溫和者。黃興一派的勢力在武昌起義後領導著革命黨的發展方向，所以南北妥協，迅速達成和議。張林焱的小朝廷思想不能成為事實。辛亥革命狂潮之迅速消退，是革命黨中溫和型領袖與立憲派中進取型領袖妥協的結果。他們之所以能獲致妥協，是因為他們的進取與保守程度頗為相近之故。⑤

我們不要以為辛亥革命是成功的。辛亥革命所獲得的成果不多。除了推翻滿清，結束王朝政治之外，革命別無所得。孫中山的三民主義尚未成熟，亦無從實現。其「平均地權」觀念雖然早已提出，但辛亥革命以前已為「平均人權」所代替。革命後民族的危機依然嚴重，議會政治曇花一現，社會沒有改革，人民的生活較前更為低落。凡此種種均證明辛亥革命的成就極其有限，革命必然再起。

立憲派與革命黨妥協，是為了穩定社會秩序。如果秩序不保，他們的功名、財富、社會地位隨之不保，這是他們最感恐懼的。各省諮議局人士致力於阻止革命形勢的擴大，穩住了舊有的秩序，他們的既得利益絲毫不受損傷。同意有限度的改革，還可以提升紳士階級的社會地位，得到更大的利益。基於這些基本的利害因素，很難說辛亥革命是「資產階級革命」的說法。辛亥革命與西方中產階級革命有實質上的不同。西方社會有貴族與平民之分，在君主專制政治之下，貴族與君主認同。從平民中新興起來的中產階級，他們的利益得不到保障，地位受到壓抑。只有革命，才能自君主與貴族的手中爭取到權利。而中國的紳士階級，其功名為皇帝所賞賜，形同貴族，感恩圖報，唯恐不及，加上其利益根深蒂固，實沒有掀起革命的理由。推動君主立憲，一朝議會政治實現，不僅可以保護既得的利益，更可進而監督政府，獲得新的權力，何樂而不為之。反之，如果選擇革命，無異捨本逐末。

革命是年輕人的志業。年輕人喜歡打抱不平，喜歡冒險。打抱不平是為了公理，冒險可以創造光明的遠景。年輕人有了正義感，必定勇往直前。無論是一九一一年的辛亥革命或一九四九年的共產主義革命，富有號召的革命義旗吸引了年輕人的熱情，他們拋頭顱、灑熱血，視死如歸。統計同盟會的成員，百分之九十以上都是十七、八歲至二十五、六歲的青年，他們許多人來自紳士家庭。但他們參加革命是為了實現理想，不是為了保有父母的財產。年輕人抱著赤忱去革命，只有年輕人才是革命家的忠實追隨者。

四十成以上的中年人鮮有革命者。中年人的體能已不如青年人，聞說要他冒險犯難，立即便有恐懼倦怠之感。中年人在社會上多半已經小有地位，或「薄有田產」，而且拖家帶口，他們是不革命的。立憲派人就是很好的例子。他們多半是四十歲以上的中年人。

有人會說，孫中山在辛亥年已是四十四、五歲的中年人，為什麼還是不改其革命初衷？中山的革命生涯至少要從一八九〇年算起，其與陳少白、尤列等高談革命，始於此時，年方二十三歲。興中會組成時（一八九四），亦僅二十八歲。自此之後，他走上了不歸路，成了一位職業的革命家。但是民國十四年（一九二五）北上尋求與段祺瑞妥協，年已五十八歲，感歎時不我與。逝世時，口中念念有語：「和平奮鬥救中國」，似乎已倦於革命。嚴格的說，中山的家庭背景與毛澤東相去不遠，與其說他是中產階級，不如說他是無產階級。中山原先想拉攏紳士階級，然後者嫌他沒有功名，家無恆產，不願與之為伍。

總而言之，中年以後擁有資產的人不革命，除了少數例外，似乎是不易的常理。

四、紳士階級亦知識份子

功名紳士固為資產階級，同時也是知識份子。知識份子的定義，簡而言之，凡能運作其知識以表達關懷社會之榮枯者即是。舊時教育極不發達，人們接受教育的機會極其有限。只有在儒家文化薰陶下的「讀書人」能認識國家社會的處境，能借文字表達他們的關切。這些讀書人就是傳統的知識份子。自八世紀初年科舉制度建立以來，知識份子的脈胳更為明顯，科舉功名之士為知識份子的正宗，直至一九〇五年該一制度廢止，知識份子的結構不變。辛亥革命時期，傳統的知識份子仍當壯盛之年，主導著社會發展的趨勢，故科舉功名之士，實同時具有雙重身份。

此雙重身份有時互相矛盾，有時相輔相成。涉及個人的利害時，可能產生矛盾衝突，辛亥革命中的角色便是如此的。做為一個知識份子，他們希望中國儘快改革，即使發生革命亦在所不惜。但想到了個人的資產階級身份，便立即退縮下來，絕不革命。近代以來的幾次現代化運動，都是紳士階級所宣導。首先是自強運動，魏源等提出「以夷制夷」的觀念，曾國藩、李鴻章等熱烈響應，掀起「器物革新」的自強運動。及至中日甲午一戰失敗，康有為則認為西洋列國除了堅甲利兵之外，「別有所本」。戊戌變法看到了「制度革新」的層面。辛亥革命所要求的還是制度革新，梁啟超等一度主張「破壞」、「革命」，但隨即感到革命之後建設不易，斷然放棄。革命無成，導致袁世凱之稱帝，張勳之復辟。五四新文化運動者大談「意識型態」（ideology），以為有了理想的目標，便可挽救危亡。中國之走向馬列主義就是這樣來的。這一連串的現代化運動都是知識份子所倡議。其中自強運動，戊戌變法、辛亥革命，無不是紳士階級的知識份子運思之結果。只有五四時期的意識形態運動者稍稍有所不同，是時舊紳士衰微，新知識份子興起。總而言之，若無知識份子主導，中國的現代化運動將無從推展，農工階級恐怕依舊懵懵然不知所謂權利，遑論革命。

五、結語

觀察立憲派的背景，可以確定其紳士階級及資產階級的身份。觀察其在辛亥革命中所扮演的角色，不能忽視其反革命的本質。紳士階級在儒家正統思想的薰陶下，也是知識份子。此雙重身份，在不影響他們的利益前題下，他們主動關心社會的榮枯。辛亥革命是知識份子所宣導。但革命影響了紳士階級的既得利益，因此立憲派人起而阻擋革命的去向，限制了辛亥革命的成就。

注釋：

①立憲派與與辛亥革命，臺北，中央研究院近代史研究所，一九六九。

②全國二十二省，應有二十二局，新疆以人民教育程度落後，請求緩設，故得二十一局。議員名額分配如下：奉天（今遼寧）五十名、吉林三十名、黑龍江三十名、直隸（或稱順直，今河北省）一百四十名、江蘇一百二十一名、安徽八十三名、江西九十三名、浙江一百一十四名、福建七十二名、湖北八十名、湖南八十二名、山東一百名、河南九十六名、山西八十六名、陝西六十三名、甘肅四十三名、四川一百零五名、廣東九十一名、廣西五十七名、雲南六十八名、貴州三十九名。

③原先的六省（奉天、山東、東、陝西、湖北、四川、廣東）與新得九省（吉林、黑龍江、直隸、江蘇、安徽、浙江、福建、河南、貴州）分別統計如下：

④以上統計資料，見附錄。

⑤詳見拙著，《辛亥革命時期領袖的進取與保守》，中國近代現代史論集（十七）（臺北，商務，民七十五）頁二五九－二六四。

回首辛亥革命

余英時

一、「滿洲黨」不改革，就逼出一個辛亥革命來

清王朝的改革從洋務運動就開始了，但是沒有觸及體制，真正的新政是戊戌變法。戊戌變法第一次提出來改造「君主專制」體制，實現「君主立憲」，這才是改到了體制的關鍵。

戊戌變法是一個很好的機會，當時人非常興奮。資料表明，當時對世界、對西方有瞭解的知識界人士都覺得，這是唯一一條可以避免危機的道路。兩種勢力促成了戊戌變法。除了利用公羊春秋「托古改制」的康梁等人，部分地方巡撫也是改革力量，如湖南巡撫陳

寶箴等。歷史學家陳寅恪講得很清楚，清朝末年的另外一個改革並不是講公羊春秋之類的意識形態，而是實務要改革，不改革中國就存在不下去。

遺憾的是，機會丟掉了，原因就是權力鬥爭。慈禧太后在咸豐死後掌握朝廷實權，同治死後以年幼的光緒來繼承皇位，繼續控制權力。隨著光緒長大成人，有了自己的想法，兩個人的權力衝突發生了。當然，光緒沒有奪權的想法，他主要是怕亡國，認為列強瓜分的危險就在眼前，「瓜分豆剖，漸露機芽」，所以迫切要改革。如果按照光緒的想法改革，勢必要把慈禧太后架空。

戊戌變法僅僅進行了一〇三天，就以失敗告終。變法失敗的第一個直接結果，就是「庚子之變」。變法失敗後，康梁都被外國人保護起來了，繼續在海外活動。慈禧太后惱恨「外國勢力干涉」，全面反動，利用沒有受過教育的老百姓仇恨外國人的心理「扶清滅洋」，於是義和團興起。她不知道，煽動群眾運動勢同玩火，結果八國聯軍進京，慈禧太后倉皇西逃。

「庚子之變」後，清王朝實行了廢科舉、改官制等一系列改革措施。大陸學界一般把這一時期的改革稱為「清末新政」。「庚子之變」以後是不是有改革？這是很大的問題。我們不能認為，廢除科舉就是改革。廢除科舉只是不得已而為之，因為人才不夠用了，做八股文的人根本沒辦法對付現在的世界。至於改官制，只是行政方面的改革，目的是提高行政效率。洋務運動中設立「總理各國事務衙門」也是行政改革啊。

我們要區分開行政改革和政治改革。庚子之變後的改革，都是行政方面的調整，而政治改革是要涉及整個體制的。雖然清末提出了「立憲」，但也是「預備立憲」，而且還要等待九年以後才開始（陳寅恪挽王國維詩中所謂「君憲徒聞俟九年」）。慈禧太后至死都是不肯放棄權力，不肯改變「君主專制」體制的。

但就我所讀過的史料，包括各種公私記載，以及現代學人的相關著作，我沒有看到清末有什麼「轟轟烈烈」的「新政」。戊戌變法以後，慈禧和滿洲保守派貴族最怕滿洲政權被漢人奪走，哪敢真正讓漢人士大夫進行認真的改革。只要一讀以前李劍農先生的名著《中國近百年政治史》以及西方近幾十年的中國近代史作品，包括劍橋中國史在內，即可知其大概了。總之，清末滿人最關心的問題是亡中國，還是亡大清？在滿洲權貴看來，大清比中國還重要，權力還要掌握在自己手裏，漢人不可信，像袁世凱那樣的能臣也要罷官回家。

大陸有些人士認為，清末形成了「改革和革命賽跑」的局面：一方面革命黨人鼓動革命，一方面清王朝實行廢科舉、改官制等改革措施。這種說法是不成立的。滿清改革只能限制在經濟方面、技術方面、行政方面，只要不涉及根本權力，結果只能使「滿洲黨」更加專制，這算什麼改革呢？沒有體制上的改變，就無所謂改革。「滿洲黨」的一句話，就能夠把所有的努力都消滅光。

在我看來，統治中國的滿洲就是一個黨，「滿洲黨」。這個黨絕對不能放棄權力。所有重要的官職都是滿洲人，漢人僅僅是輔佐。就像國民黨黨國體制之下，所有主要的職位都是黨員擔任一樣。清朝有一個內務府，專門負責管理滿人，相當於他們的「組織部」，一切重要事情都在那裏決定。滿洲黨不能丟權，丟了權等於宇宙毀滅一樣，所以它的命運已經註定，只有被推翻。

因此我認為，沒有什麼「清末新政」，清王朝只是做了一些行政上的調整來緩和危機而已。實際上，危機緩和不過去，於是才有了辛亥革命。

二、革命和暴力是兩回事

那麼，能不能說，滿清是由革命黨推翻的呢？也不能說得太肯定。清末地方性變革很多，所以武昌一起義，各省紛紛宣佈獨立，滿清說垮也就垮了，於是民國成立。

事實上，民國轉換並沒有經過一個很嚴重的革命，絕不能跟法國大革命比。辛亥革命沒有什麼暴力，是社會成本很低的一場革命，結果也並不壞。早期的議會是相當認真的，很有效力。否則，宋教仁就不會被袁世凱暗殺了。所以幾十年後的國民黨時代，還有很多人懷念當年的議會。還有一點，辛亥革命前後，地方社會有很大進步。清末江蘇、浙江一帶新學校紛紛出現，都是地方鄉紳們搞起來的，不是朝廷的貢獻。

人民的自發性很重要的，如果沒有自發性，社會根本不可能前進。只要地方的領袖有開明想法，老百姓支持，一步一步做，就會有許多進步。這些進步不是依靠政府發命令搞出來的。我們現在研究中國的問題，也要從這樣的角度看，不能把注意力過分集中在集權體制上。

有人說，如果慈禧太后晚死十年，中國的憲政改革就可能成功了。這種觀點我不大能接受，持這種觀點的許多人都是體制內出來的，對於早年相信的東西很難徹底否定，總認為原始的設想是好的。他們有意無意地對舊體制有些迷戀，把慈禧太后投射到當代威權人物身上。

其實，慈禧晚年一方面大張旗鼓地搞行政改革，另一方面又把權力聚攏到滿洲貴族手裏了。因此，清末不可能不經過革命的劇變。舊體制某種程度解體以後，新的東西才能出現，但並不一定是暴力革命。革命和暴力是兩回事。當初，法國大革命的暴力最受中國大陸恭維，可是一九八九年法國大革命二〇〇年紀念前夕，西方史學家，從歐洲大陸到英、美，都對它的暴力進行了深刻的分析和指責。暴力導致法國直到今天政治還沒有完全安定，而英國自從國王查理一世被推上斷頭臺以後，再也沒有別的暴力革命。美國除了內戰之外，後來也沒有再發生大的流血革命。

英國、美國之所以能夠避免暴力革命，是因為它們建立了民主體制。民主體制的好處，就是一個黨不用擔心滅亡，被選下去也沒有什麼了不得，只要自己求進步還可以重新上臺。這與中國歷史上的王朝迴圈完全不一樣了。歷史上所有的王朝都由一家一姓把持，開始時得意得不得了，死也不放權，最後非要給人逼到煤山上吊不可，臨死前只有哀歎，希望子子孫孫不要生在帝王家！各個王朝壽命長短不一，總是要經過流血改朝換代，再流血再改朝換代，永遠在封閉的系統裏循環，以萬千生民的鮮血作為潤滑劑，沒有政治文明可言。

在國民黨時代，左派人士罵國民黨不搞民主，有個對聯寫得很好：江山是老子打來，誰讓你開口民主，閉口民主；天下由本黨坐定，且看我一槍殺人，兩槍殺人。好對聯啊，到現在我還記憶猶新。

對於前現代社會的執政者來說，權力就是命根子，其他的一切都可以忽略不計。改革可以提高一下效率，提高執政能力，但是不能讓我放鬆掌握權力的手。不平則鳴，怎麼可能在不公平之下，還能永遠維持秩序，維持人家對你的尊敬？不可能做得到。

任何革命黨都忘記了教訓，更沒有吸取教訓，或者認為自己與教訓是不相干的。再多的教訓，我都是一個例外。別人不能保持長久，唯有我可以萬世不滅。

三、「中國人思想上的一個大敵」

用暴力推翻另一個秩序，這是我最反對的。因為暴力革命以後，一定用暴力維持，否則自己就要垮臺。

辛亥革命不是靠暴力起家的。武昌起義不久，各地宣佈獨立，慈禧太后已先死了，權威沒有了，三歲小皇帝有什麼本領呢？所以，滿清是自然解體的。我們把這個解體叫「辛亥革命」。「革命」是從日本人那裏借來的名詞，它與中國歷史上的「革命」不是一回事。後者所謂的「命」是天命，「革命」就是天命的變革，就是改朝換代。

滿洲垮掉以後，袁世凱當國，這個人自私，但也相當負責任。他死得很早，北洋沒有了權威人物，於是進入了軍閥割據的混亂時期。混亂時期也有好處，在這個混亂時期才會有五四運動出現。如果有強人控制場面，五四運動就不可能發生了，許多新思想也就進不來了。這是歷史的吊詭，軍閥本身自然是負面的東西，但軍閥時代卻為思想學術的自由創造了條件。因為軍閥各自為政，不管老百姓，言論反而自由。而且軍閥腦筋簡單，沒有深文周納的心思，不像後來國民黨黨國體制對意識形態那麼密切關注。

那個時期，從政治上看一塌糊塗，但是從社會或者文化方面看，不一定全是負面的，許多新東西就是在那個階段出現的。北京大學不就是在那時成為一個真正的大學嗎？另外，因為當權的軍閥也管不了各地方，一些地方紳士、地方領袖在地方上做革新工作。所以，不要簡單地把歷史簡化，好像北洋政府一塌糊塗，整個中國都在往後退，事實並不如此簡單。

事實上，在國共合作革命以前，地方社會發展了十幾年。我們要相信，一般老百姓在為生活奮鬥的過程中，自然就改進了社會。政府不可靠，人們就要自立。

總之，我不認為辛亥革命後中國如何混亂，也不必怕混亂。有些關心中國前途的朋友們提倡「告別革命」，就是怕再有混亂。

而混亂和秩序都是相對的，即無絕對的秩序，也無絕對的混亂。數學上有一個重要分支叫「混沌理論」。混亂沒有什麼可怕的，我當然不是提倡混亂，而是認為混亂必須保持在最低限度，若用暴力維持不合理的秩序，反而會招致最大的混亂。

為什麼中國政治從北洋軍閥統治演變成為國民黨的黨國體制？這牽涉到國際形勢，中國走到這一步，日本侵略是最大的關鍵。日本在上世紀二三十年代完全控制在軍國主義者中下級軍官手上，驕橫已極，自信可以用武力稱霸亞洲，中國成為他們的吞併目標所在。日本侵略，民族存亡之秋，需要依靠強有力的政黨凝聚力量，一致對外，所以國民黨在抗戰時期的口號是「一個主義，一個政黨，一個領袖」。大家都要擁護黨，於是培養出一個黨國體制。這是中國的悲劇，所以我始終不原諒日本軍國主義者。

從某種意義上，一九二三年「改組」後的國民黨也是從蘇聯來的。孫中山急於成功，無法很快拿到政權，就學蘇聯的方式，然後把集權的黨組織建立起來，黨高於一切。然後，中國就在這條路上越走越遠了。我的政治記憶從一九三六年西安事變和次年抗日戰爭開始，我上過一二年的臨時中學，對國民黨堅持的「黨化教育」印象很深。

歷史上有什麼王朝可以是永遠維持的？中國最長命的朝代是周朝，八〇〇年，中間好幾百年還是戰爭狀態。抗戰勝利後，國民黨在重慶豪言壯語地聲稱，周朝八〇〇年，我們國民黨六〇〇年總該有吧?!並不是所有人都相信，但是有一部分人是相信的。可是，沒到幾年就完了。「眼看他起朱樓，眼看他宴賓客，眼看他樓塌了。」

前車之鑒，清末、民國都是很好的歷史教訓。中國的問題就在於，沒有從歷史中真正吸取教訓。

四、中國現行體制根本談不上「模式」

辛亥革命一〇〇年，中國在現代化路上前進了多遠？

臺灣的例子，民主選舉是無法躲避的。取得合法性最好的方式就是民主選舉。民主不是一個理想的東西，但在長距程中則是最能保證穩定的制度。除了少數國家，「二戰」後亞洲大多數國家走上了民主道路，而且越變越好。臺灣是地地道道的中國社會，民主不是照樣實行，普世價值不是照樣接受？臺灣經驗值得借鑒。

中國大陸前三〇年搞「階級鬥爭」，信仰「有權便有一切，無權便失去一切」。後三〇年因為受到民窮財盡的逼迫，於是開始了經濟開放，接受了市場的觀念。經濟成長之快，有目皆睹。但這是控制下的市場，不是「自由市場」。

國有企業壟斷資源，利用廉價勞工，吸引大量外資。發財之後大量建設，鐵路、公路、建築物在各地都興起了，外表十分壯觀，但內情則不可說。私人企業也偶有成功的，但有錢而無權作為後盾，是保不住的。這就是所謂「中國模式」嗎？所謂模式別人也可以仿效，「中國模式」誰能仿效呢？

某種程度上集權體制似乎效率很高，但是一旦作出錯誤決定，後果就不堪設想。所以我認為，中國現行體制根本談不上「模式」。

目前，中國是一個官本位國家。從前大學校長如蔡元培，受到知識界、文化界的普遍尊敬，聲望甚至超過元首。現在只是一個個官，沒有人知道中國有什麼聲名卓著的大學校長，成為精神領袖的更沒有，不要說別的，至今沒有出過一個獲得諾貝爾獎的科學家，華裔拿到諾貝爾獎的都是在美國訓練出來的，都是美國人。你看，日本出了多少諾貝爾獎？

我承認，現在大陸的經濟實力在增強。但是，是不是一個文明大國，要比文化，比藝術，比科學，比人文研究。並不是有錢了，就能夠成為現代國家。

五、所謂普世價值，中國古已有之

我注意到，目前有些人宣揚「中國模式」，極力反對「普世價值」，指責普世價值是西方的價值。

所謂普世價值，如人權、自由之類中國古已有之，只是沒有西方所流行的這些名詞罷了。比如，孟子講「明君制民之產」，就是講政府對人民應盡的義務，反過來說也就是人民的基本權利，其中不只包括田產權、工作權，也包括教育權（為「庠序之教」）等。「民主」雖然不是中國名詞，但是要給老百姓權利，以老百姓為主體，這種觀念早就有，否則《尚書・泰誓》怎麼說「天視自我民視，天聽自我民聽」呢。「天」比皇帝更大更高，而「天」是代表老百姓的。所以，民主其實人人心裏都有、都嚮往的。「己所不欲勿施於人」，就是一種民主態度。人權的核心觀念是每一個人的尊嚴，能自己做主，這在儒、道兩家文本中都可找到。清末以來，許多學者，包括孫中山在內，都已做了不少努力，要在中國傳統中找普世價值。胡適去美國演講（二〇世紀四〇年代），也強調中國的「民主」雖未發展成功，卻具有一些重要的「歷史基礎」。

不能說，西方才是文明的主流，普世價值就是西方的。中國也有普世價值，應該把自己文化傳統裏的普世價值好好進行整理。不但中國有，印度也早有自由、平等之類的「普世價值」，阿瑪蒂亞・森（Amartya Sen）已有文章指出。

普世價值的觀念在中國遭到很大的曲解，被維護舊體制的人利用。西方的東西我們要不要？偶爾有說「民主是個好東西」就不得了了，那都是廢話嘛。如果不承認「民主是好東西」的話，共和國也不是好東西了。那還是回到皇帝制度吧，回得去嗎？

中國人一直講，搞政治要靠民心，如果得不到民心就完了。在現代社會所謂「民心」，也就是普世價值。每個人生下來都要自己做主，都有自己選擇的權利，這就是所謂自由。佛經上到處都是自由、平等。權利和義務是相對的，不能說只有義務沒有權利。中國語言是從義務方面著眼，不強調應該得到什麼，強調我應該做的，對別人來說就是權利。兩種不同的語言，講的是同一個事實。

動輒反西方，完全對歷史不瞭解，而且封閉歷史、曲解歷史，這樣下去，中國哪能變成大國呢？

六、重建價值觀念

近代以來，中國一直在現代化的道路上摸索前進。在現代化進程中，中國的文化傳統如何確立自己的現代身份？這是我多年研究的一個問題。

中國文化傳統裏許多價值可以在日常生活中發揮作用，但是不可能作為將來中國的指導原則，也不可能成為新的意識形態。

現代社會有公領域和私領域。在公領域，只有實行民主選舉、司法公正等現代制度。私領域就是個人道德、人和人之間關係，儒家思想可以發揮作用。儒家本身不能直接變成憲法，只能是社會上的一種文化力量，用來處理人與人之間的問題。西方主要是靠宗教，如果把儒釋道三教都丟掉了，中國的精神領域便未免太貧乏了。尤其是後來，一方面把中國文化傳統當做封建毒素來批判和咒罵，另一方面把西方文明批評為資產階級的遮羞布而痛斥之。結果把所有文明都搞光了，最後所推崇的就是階級鬥爭之類的暴力。

在現代社會重新建立價值觀念，只能由普通人民在日常生活中逐漸培養出來，絕不能靠政治力量從上而下強迫灌輸。中國人要培養一些價值，這些價值在中國既有底子，又可以跟其他文明價值配合。這就是我們文化界、學術界、藝術界所當共同建設、共同努力的方向。

從儒、釋、道到民間文化中，都有許多精神資源可以提煉出來和現代生活互相配搭。有些價值雖受反傳統潮流的衝擊，仍潛在於人心中，時機一變，可以召喚回來。關於怎麼樣處理人與人的關係，如何處理好天理人情，這是中國很特殊的地方，文化傳統也可以解決實際問題。學術上、思想上、文化上、日常生活中的價值層面，儒家有些價值可以復活。不過，「三綱五常」已絕不可能恢復了。現在一些人提倡把儒家作為一個替代性的意識形態，高揚民族主義，若如此，則是把中國傳統又糟蹋一次，在老「孔家店」完了以後再造新「孔家店」，這是一個很不明智的事情。

要把私領域跟公領域區分開。公領域不可能由儒家來掛帥。因為除了伊斯蘭教，現在任何國家都不允許任何一家教義或學術在憲法內占主要位置。大家可以有各種信仰，不同信仰自由都可以在憲法內得到保證。

中國有沒有前途，要看它如何選擇價值、理解世界。我沒有資格建議應選什麼價值。我只能提一個原則，即所選價值是開放性、多數文明社會都能接受的。開放心靈尤其重要，想理解世界絕不能固步自封，以自己為中心。

我曾經說過：「一旦中國文化回歸到主流之『道』，中國對抗西方的大問題也將終結。」我所謂「文明主流」，是包括中國在內的普世性文明。我從不認為中國文化與西方文化是對立的、互不相容的。所謂「道」便是重視「人」的道，群體和個人都同時能得到「人」的待遇。只要有「己所不欲，勿施於人」的胸襟，中西文化自然而然能包容彼此的核心價值。

五千年的大變：杜亞泉看辛亥革命

羅志田

百年前的辛亥革命，是中國歷史上一次根本性的大轉折。其「大」的程度，當事人和後人的認知，似都有些不足。由於時人對那次鼎革的認識不夠深入，對革命可以帶來的轉變又期望太高、對共和的見效要求太快，從民國二年開始，國人對新體制的大失望已經萌芽，而革命並未成功的看法也逐漸樹立，衍化成一種固定的認知。受此影響，我們對辛亥革命本身及隨後嘗試共和的早期經歷的觀察，也漸失平常心和批判力，而在不知不覺中隨著某種固定的視角和思路去觀察和思考。其結果，有些與此相左的看法，雖提出甚早也實有所見，卻為我們所忽略，長期視若無睹。

本書就是國體轉換的當事人當時的感受和分析。原名《十年以來中國政治通覽》，出版於一九一三年一月，是《東方雜誌》（一九〇四年創辦）為「刊行十年之紀念」而出之

「紀念增刊」的主要部分，附在該雜誌的九卷七號之後。因其時間的巧合，那十年的政治通覽，基本等於回顧辛亥前十年的經歷，從當事人角度，告訴我們那次革命怎樣「一路走來」。

此書最主要的作者，是時任《東方雜誌》主編的杜亞泉。占全書一半篇幅的「通論」和八篇「各論」中至少兩篇，悉出其手（因各論皆署筆名，多數筆名似乎都僅此一見，也不排除其中還有杜氏的作品）。全書構架，估計也由他手定，固不僅主撰也。其餘作者，目前只有署名「指嚴」者可以確定為許指嚴，餘皆待考。不過按照當時的慣例，大概都是商務印書館（《東方雜誌》的出版者）中人員。

杜亞泉這幾年較為人所關注，主要因為他在新文化運動時期提倡一種不那麼激進的中西調和取向。當年他因此不能與時俱進的堅持而失去了《東方雜誌》主編的工作，近年卻因此另類的（alternative）主張而引人注目。不過，大部分杜氏的關注者，卻不甚注意他對辛亥革命的即時認知和分析。本書的出版，不僅可以幫助今人重新認識和理解辛亥革命，也有助於我們對杜亞泉思想的進一步瞭解。

一、不可以常例論的五千年大變

與後來很多人不一樣，杜亞泉當時就充分注意到那次鼎革的根本性質（以下凡未注明者，皆引自《通論》），他說：

> 吾儕今日，處共和政體之下，追憶十年以前，……雖國勢之顛危、民情之錮蔽，猶不免為五十步百步之觀，未能逾十年小變之常例。而五千年來專制帝王之局，於此十年中為一大結束；今後億萬斯年之中華民國，乃於此時開幕。則非十年以來之小變，實五千年以來之大變，而不可以常例論矣。

很明顯，以共和代帝制，是個以千年計的大變。類似的說法，也曾為不少人提及，卻並未真正據此思考。若定位於變化的層級，只要確認共和為革命之目的，任何能造成這樣轉變的革命，寧非極大的成功？至於嘗試一個全新政治體制的成敗，那是一個更大變革的一部分；發生在辛亥年的那次革命本身，不應為其承擔責任；而其帶來的政權鼎革，卻無疑是一個象徵性的轉捩點——與其相關的轉變此前已發生，此後仍在延續，直到今天。

這是一個充滿顛覆和根本性變革的全方位巨變，且仍處於進行之中。它可以說是「革命」（revolution），也可以說是「轉化」（transformation），更可以用梁啟超所說的「過渡時代」來概括。正因為變化是全方位的，政治層面的共和取代帝制，不過是其一個有代表性的象徵；複因為變化是根本性的，洋溢著革命的激情，這又是一個希望與風險並存的發展進程，很難以常理論。[1]

杜亞泉既認識到這是五千年以來之大變，又指出了其不可以常例論，所見實高。前者或尚有人提及，後者則是一個沒有多少人分享的睿見。好些年後，梁啟超對「革命時代」的歷史研究有了概括的認識，即「革命前、革命中、革命後之史跡，皆最難律以常軌。結果與預定的計畫相反者，往往而有」。[2]可惜的是，這樣的卓越見解對後來的歷史研究者影響不大。迄今很多研究者，仍喜歡用按圖索驥的方式，拿各種古今中外的常例、常軌來衡量辛亥革命。

---

1 參見羅志田：《過渡時代讀書人的困惑與責任》，新加坡二〇〇八年度「吳德耀文化講座」，會收入今年出版的《漢學名家論集：吳德耀文化講座演講錄》。

2 梁啟超：《中國歷史研究法》，《飲冰室合集・專集之七十三》，中華書局，一九八九年影印，一一七頁。

二、殊途同歸的革命與立憲

杜氏見解的另一特點，是明確了此前革命與立憲「殊途同歸」，這與後來的史學論述中常將二者視為對立，非常不一樣用。在他看來，辛亥前十年茫茫政海中，固有二大潮流，縈洄澎湃於其間。此二大潮流者，其一為革命運動，其一為立憲運動。革命運動者，改君主國為民主國；立憲運動者，變獨裁制為代議制。其始途徑頗殊，一則為激烈之主張，一則為溫和之進步；及其成功，則殊途同歸。由立憲運動而專制之政府傾，由革命運動而君主之特權廢。民主立憲之中華民國，即由此二大政潮之相推相蕩而成。而十年以來元首之更迭、議會之發生、政黨之勃興、與夫行政機關之改革，莫不以是為要領焉。

因此，「中國十年以來之政治，自一方面觀之，為革命運動之進行；自一方面觀之，則又立憲運動之進行也」。這樣的見解，也有人分享，梁啟超就屢言之。不過，杜亞泉進而提出，立憲的任務尚不止於革命。用時人的話說，君主、民主是所謂國體問題，而立憲則是更實際的政體問題。立憲的實質，是「以憲法規定統治權」。具體言之，則「必設議院以代表國家意思，制定法律；政府則依國家之意思以執行政務；更立法院依法律以行裁判。而地方自治，尤為立憲國家之基礎」。這樣的立憲，前清僅開其端，而民國尚未接其續。

在杜氏看來，變獨裁制為代議制，既是革命的任務，也是共和的要求。「綜觀我國十年以來之歷史，不外乎改革政體、實行立憲之一事。革命運動，亦無非以此為目的。」革命可以轉換國體，卻不一定能保障代議制的推行；故革命之後，仍需進一步推行立憲。惟民國二年時的狀況，則是「革命之偉業雖成，而立憲之前途尚遠」。故「今後之進行，我國民正宜努力」。最後一語，或並非簡單的套話。從清末以來，凡事訴諸「人民」，便是對當政者失去信任的隱語。同時，「國民」大致也是一種適於整合各類不同政治力量的概括性認同。

梁啟超後來在辛亥革命十周年時，也提出革命與立憲共同的說法，以為「當光緒、宣統之間，全國有知識有血性的人，可算沒有一個不是革命黨」；不過主張立憲者想要實行「政治革命」，而主張革命者卻要實行「種族革命」。雙方「表面上雖像是分歧，目的總是歸著到一點」。而辛亥革命即是他們「不約而同的起一種大聯合運動」——武昌起義前有四川諮議局人士主導的保路運動，武昌起義後響應而宣佈獨立的也多是「各省諮議局」。[3]

3 梁啟超：《辛亥革命之意義與十年雙十節之樂觀》（一九二一年），《飲冰室合集·文集之三十七》，頁四。

這個說法不能僅視為想要在革命成功後分享「勝利果實」，多少也有些史實的依據，近年不少人即仿此而立說。那時梁啟超正以「國民運動」來涵蓋雙方，即兩者都是「訴諸一般民眾，合起來對付滿洲政府」的國民運動。不過他進而指出：「共和政治的土台，全在國民。非國民經過一番大覺悟大努力，這種政治萬萬不會發生；非繼續的覺悟努力，這種政治萬萬不會維持。」如果國民的面貌不改變，「憑你把國體政體的名目換幾十躺招牌，結果還是一樣」。[4]梁所謂政治革命，即杜所說的立憲；約十年過去了，共和仍只是個「招牌」，充分表現出很多讀書人的失望。

這後來表述出的失望，其實從很早就開始。杜亞泉自己雖已認識到這是一次五千年的大變，他在民國二年說「立憲之前途尚遠」而寄希望於國民時，已隱約有些不耐了。餘人的不滿，大體也濫觴於此時。對於很多未曾認識到此次鼎革性質的人來說，革命既然可以這樣容易就「成功」，後面諸事也都應同樣順利而神速才是。或許正是革命成果來之太易，寵壞了早已被近代連續的挫折逼得急不可耐的國人。

---

4 梁啟超：《外交歟內政歟》（一九二一年），《飲冰室合集・文集之三十七》，頁四四。

三、速成的革命

的確，辛亥革命的一大特點，就是其速成。用杜亞泉的話說，自武昌發動後，「五旬之間，各行省之光復者，十居八九。其餘各省，亦莫不先後回應」。可以說，「此次革命之舉，誠速於置郵傳命矣」。這是個非常形象的表述，且那時好像還是世界性的趨勢。此前（一九一〇年）也是由帝制改共和的「葡萄牙之革命，成功最速。於十月四日午前一時發難，至午後二時而葡王出走，是日白拉茄披推為假大統領。一年以內，痛革舊政，頗收美果」。比較起來，「我國革命之成功，雖不及葡萄牙之神速，然決非其他諸國所能比擬」。[5]

如果說此時杜亞泉對中國革命的「神速」不如葡萄牙還略感遺憾，稍後他的心情就更好，乃自豪地說：「自辛秋起義，不及半年，共和聿成，民國統一。以極短時間，成極大

---

5 杜亞泉：《中華民國之前途》，《東方雜誌》八卷十號（一九一二年四月），田建業等編：《杜亞泉文選》，華東師大出版社，一九九三年，頁三六。

事業，不特中國所未有，抑亦先進之所無」。[6]自十九世紀以來在中外競爭領域屢屢受挫的中國，竟一舉走在世界前列了！能不讓很多人心曠神怡！

不過，杜氏同時也開始思考，革命成功太容易，則後續問題可能甚多。「夫成熟易者果實不良，代價廉者物品必劣，此自然之理也」。他想起一位美國人曾說，「使中國革命自此竟告成功，則吾美之共和將無價值」。這話雖不動聽，「其言固含有至理」。因為革命是「至寶貴至艱大之事業也。美人富自治性質，猶必經十餘載之痛苦，始觀厥成。以吾習於專制之民族，乃不數月而遽收美果。揆之事理，決無若此之易易。則其必將再經挫折，再經磨難，又勢所必至者」。蓋「吾國專制之毒，入人已深，一旦易名共和，而形成共和國家之內部分子，未嘗受相當之磨折，俾與國體同化，則其杌隉艱枘，因不體合而生種種衝突，亦固其所」。

杜亞泉眼中美國人和中國人的對比（分別與自治和專制相關聯），固帶有當年的時代特色；然那時就能夠考慮到政治制度的基礎是人，共和體制的成敗取決於國人能否「與國體同化」，不能不說是高瞻遠矚。後來他分析二次革命的總因，也認為是「社風驟變」

6 本段與下段，高勞（杜亞泉）：《革命戰爭之經過及其失敗》，《東方雜誌》十卷三號（一九一三年九月），已收入本書附錄。

造成的「道德墮落」，仍是從國人對新制度準備不足的角度立說。這也是杜氏與眾不同之處，即他往往能從事物的基本層面思考和分析問題。此前他對清季新政的考察，便已表現出這一特點。

四、摹擬繁複政治可能導致革命

杜氏於一九〇九年初入主《東方雜誌》，與朝廷下詔加快預備立憲大約同時。此後立憲的推進其實已相當快速，但仍未能趕上民間對憲政推行的期盼。到一九一〇年四月，《東方雜誌》在七卷二號刊出「改良序例」，重申「代表輿論，主持清議，對政府而盡其忠告，憫斯民而代為呼籲」的辦刊宗旨，並以各種新欄目配合「憲政方新，世變益亟」的現狀。又一年後，更在八卷一號（一九一一年三月）宣示了「本社之大改良」，表示隨著「國家實行憲政之期日益迫近，社會上一切事物，皆有亟亟改進之觀」。《東方雜誌》也從內容到體例進行了較大的變動，以回應「隨世運而俱進」的讀者。

或可以說，杜亞泉時代的《東方雜誌》，就是與清末憲政與時偕行的。而他對清季新政的認知，卻比很多時人更深刻。他在一九〇〇年就提出，政治在很大程度上依賴於技術：「航海之術興，而內治外交之政一變；軍械之學興，而兵政一變；蒸氣電力之機興，而工商之政一變；鉛字石印之法興，士風日辟，而學政亦不得不變。」甚至可以說，「政治學中之所謂進步，皆借藝術（即今人所說的技術）以成之」。而中國讀書人則不論在朝在野，「皆熱心於政治之為」；今日當「降格以求，潛心實際，熟習技能，各服高等之職業」。蓋政治只需要少數人，而「存活於我社會中多數之生命者，必在農商工之界」。若能「職業興而社會富」，則「文明福澤，乃富強後自然之趨勢」。[7]

杜氏所謂政治與藝術的關係，隱約可見今人愛說的國家（state）與社會的關係。儘管使用的語彙不同，表述的隱顯也不一，他從很早就敏銳地意識到，國家與社會不僅密切關聯，又處於一種多層面的緊張、衝突甚或對抗的競爭性關係之中。約十年後，在辛亥革命前夕，他進一步論證了兩者間關聯互動的關係，提出「政治者，社會上一種之事務也。政府者，社會上之政治機關，亦一種之機關也」。[8]

而隨著西潮東漸，中國偏重「政治」的傳統得到了歐洲及日本「繁複政治」的支持，變得更加強有力，並直接體現在新政的舉措之中。由於歐洲以及日本各國政府，組織繁複

7 杜亞泉：《〈亞泉雜誌〉序》（一九〇〇年十一月），《杜亞泉文選》，頁一－二。
8 本段及以下數段，杜亞泉：《減政主義》，《東方雜誌》八卷一號（一九一一年三月），《杜亞泉文選》，頁十一－十六。

之官僚政治，視社會上一切事務，均可包含於政治之內；政府無不可為之，亦無不能為之。政權日重，政費日繁，政治機關之強大，實社會之憂也。社會之人，或習焉不察，謳歌於政府萬能之下，至事事依賴政府而為之。營一業則請國庫之補助，舉一事則求官廳之保護。民間獨立心之薄弱，實為當局者多年之干涉政略所養成。積之既久，遂不自覺其迷誤。

這樣的外國思路，不幸為正通過日本學習西方的中國人所仿效，遂以為「無學部則教育必衰，無農工商部則實業不振」。其實，「社會之事物，有自然之法則管理之」——「社會之活力（才力、財力之結合作用），有一定之制限，政府決不能創造之」；而「社會之發展，有一定之秩序，政府亦不能揠助之」。蓋「有研究學術之活力，則教育自興；有生產之活力，則實業自盛」。杜氏這些見解，與前引技術興則政治變的早期觀念相對照，便可見其沿襲發展的脈絡。他強調：

> 一國政府之本分，在保全社會之安寧，維持社會之秩序，養其活力之泉源而勿涸竭之，順其發展之進路而勿障礙之，即使社會可以自由發展其活力而已。教育也，殖產也，政府惟司其關於政務者，不必自為教育家、自營農工商之業也。夫國家教育之興，非政府多頒學堂章程、多編教科書籍之謂；國民實業之盛，非政府多營官有事業，多定檢查方法之謂。總言之，則國運之進步，非政府強大之謂。

因此，與其「謂社會之進步，必仰政府之提攜；不如反而言之，謂政府之進步，仰禮會之提攜，較為確當」。若政府「不察此理，貿貿焉擴張政權，增加政費，國民之受干涉也愈多，國民之增擔負也愈速。干涉甚則礙社會之發展，擔負重則竭社會之活力，社會衰而政府隨之」。這是真正學貫中西的見道之論。只有對中國傳統政治和西方經典自由主義的小政府觀念有深入理解，並瞭解西方對國家與社會關係的新學理，才能說出如此通透的話。

而教育和商業不應由政府主導，更是杜亞泉反復申論的主題。對於農工商部，他主要認為是「虛設」，沒起到什麼正面作用；而學部之設，則給教育帶來了直接弊害。因為「學部管理教育，事事必就繩墨」。其「所頒佈之教育法令，漸臻嚴密」。大至教科分配、學級編制、教師資格和教授書籍，小若節日紀念的禮式、放假休學的日期，「甚至服物細故，亦或規定而取締之」。其條例之繁密，「仿之科舉而更甚」。如此多的束縛，嚴重影響了教育的發展，「不可不大加減削」。[9]

杜亞泉注意到，日本當時已有人提議「廢止文部省、農商務省」等部門，而中國留美學生也因美國不設學部，倡議中國也「廢去學部」。他也主張中國之「教育行政、農工商

9 本段與下段，杜亞泉：《論今日之教育行政（續）》（一九一一年十月），《杜亞泉文選》，頁二六－二八。

行政，不必另設專部」。說到底，「教育實業等事，全賴社會之自謀，國家僅任提倡檢查之責，其直接自辦之事本少」。儘管他稍後觀念略有轉變，認為自清末「商部開辦以來，力懲舊習，積極進行」，使「國人耳目，嶄然一新。凡朝野上下之所以視農工商，與農工商之所以自視，位置較重」。[10]但整體上，杜氏堅持社會的事應讓社會自為，並不看好政府過於積極的作為。

蓋不僅權力永遠導致腐敗，官僚機器亦自有其強大的慣性作用，使一切向形式化和文牘化的方向發展，直至欲自我遏制而不能。在有官僚政治傳統的外國，若政府太有作為，「勢且不可久」。清末中國本「人才未貯，財力未充」，乃「不自量力，尤而效之。規模不可不備也，於是乎增設若干之官廳，添置多數之官吏；而又不可無所事事也，於是乎編訂種種之條例，設立種種之名目」。當時「政治所以紛繁糾雜者，正因官吏太多，彼此以文牘往還，以消日力，所謂『紙張天下』是也」。其結果，「當局以張惶粉飾其因循，朝士以奔走荒棄其職務。問其名則百廢具舉，按其實則百舉具廢」。

官僚政治這種自我消耗且難以自製的慣性作用，今日正盛行於全球，而杜亞泉早在一百年前就已洞燭其奸，實在難能可貴。

10 高勞（杜亞泉）：本書《實業篇》。

直到今天，多數研究者仍沿襲著「無學部則教育必衰，無農工商部則實業不振」的思緒，把清季新設各部作為一個「進步」的正面舉措進行論述。在大學擴招而批量生產博士碩士後，這些新設各部本身也成為學位論文題目；而其中討論最詳細的，恰是杜亞泉苛責最多的各類章程條例和繁複檢查方法。這些新研究倒是與當年以文牘為政務的時代風氣暗合，頗具以條文為史實的特色，再現了「紙張天下」的風采。

今日多數研究者基本不以新政期間政府舉措過多為病，還往往指責其作為不夠。而杜亞泉的態度則相反，因為他很清楚，政府的任何作為，都與開支的增加成正比。在他看來，清末的憲政，往往以仿效「他國之繁複政治之形式」為目標，而未曾認識到「國家政治，在精神而不在形式」。正因為致力於形式求備，一些並未考慮中國國情的舉措，常使人「感其事之無益，覺其費之可省」。

例如，清末辦員警是中外研究者一向稱讚的舉措。但杜亞泉則注意到，中國的員警制度，徒從形式「摹擬他國，似未適合於我國之情勢」。蓋西方城市人口多，「故有市街員警之制」。中國則「一二大都會繁盛之區，固可仿而行之；乃各府縣之城治市集，亦複於數十武之內，植立武裝之巡士；甚至鄉村之間，亦間有之」。由於鄉鎮本無多少需求，這些巡警不過「終日植立而無所事事」。警政是當年民政部耗費最多的事項，實則「其費甚繁，其益殊少」。若能從「適於用」的角度改革之，「則全國之內，所節必多」。

總體看，中國實行憲政數年，徒「摹擬他國之繁複政治，包舉一切，而能力不足以副之」。更重要的是，此等事務，皆在官與官之間，與吾民無與。吾民之所須於國家者，除對外而求其捍衛國境，對內而求其緝除暴亂，此外則訟獄之事，不可不仰官廳裁判；賦稅之款，不可不向官廳輸納而已——所謂刑名錢穀而已矣。吾望吾政府編訂它制之時，勿僅存官多治豐之見，而慮及官多生事之害也。

這其實是杜亞泉區分政府與社會職能的一貫見解。被他名為「減政主義」的小政府取向，在他眼中既是「各國社會上之新傾向」，也是「我國政治上之舊經驗」。這也是杜氏與許多今人不同之處——那些以為新政舉措多多益善的研究者，基本不知中西政治傳統中尚有小政府的取向，或雖知卻視而不見；他們大體仍存「官多治豐」之見，而未見「官多生事」之害。故其對清季新政的認知，常與杜亞泉異。

關鍵在於，繁複的新政到那時「弊害已形，致反對之聲，一時哄起」。若不「采用減政主義，收束局面，以為持久之謀」，則前途堪憂。杜氏逆料其結果，殆不出兩途：一曰迫於財政之困乏，僅僅維持現狀而不得，則敷衍益甚，而幾等於銷滅；一曰不顧民力之竭蹶，益益進行現在之政策，則搜括愈力，而終至於潰決。其尤不堪設想者，則一方面行其敷衍之策，而政治銷滅於上；一方面盡其搜括之實，而經濟潰決於下；大局遂不堪問矣！

五、革命怎樣走來

上面是杜亞泉一九一一年三月的預測，現在看來，不能不佩服其洞察力。革命發生後，他分析其起因，以為主要是「政治之不良，政體之未善。而種族之異，亦足為其誘因」。儘管「革命之現象，至今年而大著。而考其主義之發生，則夫提倡之、傳播之、實行之，伏而不滅、蹶而愈奮者，已非一朝一夕之故」。從太平天國到最近的吳樾謀炸端方和徐錫麟槍斃安徽巡撫恩銘，各種「言論事實之發現於近年中者，既日演而日激。革命之聲浪，震盪於國民之耳鼓；革命之思想，遂深印於國民之腦筋」。[11]

不過，「當時下有鼓吹革命之黨人，而上復有製造革命之官吏。立憲其名，專制其實：商路則收為國有，外債則任意大借，代表則遞解回籍，內閣則專任親貴。凡可以離民之心、解民之體者，行之惟恐不力」。結果，到「武漢事發，各省回應，革命軍之旗幟，

---

11 本段與下段，高勞（杜亞泉）：《革命戰事紀》，《東方雜誌》，八卷九號（一九一一年十一月），已收入本書附錄。

遂翹然高舉於禹域之內」。所謂官方「製造革命」的說法，早由章士釗發其端；[12]但章更多是說反話，杜卻是認真的。問題是，努力推行新政的朝廷何以能讓人產生這樣的看法，即其行之惟恐不力的，皆是「離民之心、解民之體」的舉措，是非常值得思索的。這直接牽涉到清季改革與革命的複雜關係，非片言可了，只能另文探討。我們且看杜亞泉的見解：

此次清廷革命，其本因有二：一為遠因，則以滿人專有政治上之特權，種族間生不平之觀念；一為近因，則由於世運變遷，專制政體不適於時世。而其助因有三：一為中央集權，二為大借外債，三則財政紊亂、政費浩大、稅目繁雜。[13]

清末的種族問題，過去是有些諱言的。其實既是事實，也有構建的成分，還有大量待發之覆。而所謂專制政體不適於時世，實各說不一，其背後隱伏的關於專制、時世的理解，也相去甚遠。我的看法，由於西潮衝擊造成中外競爭的新局面，清季朝野面臨著政治

12 參見章士釗《論中國當道者皆革命黨》（一九〇三年），《章士釗全集》，上海：文彙出版社，二〇〇〇年，第一卷，頁二〇一二四。

13 杜亞泉：《中華民國之前途》，《東方雜誌》八卷十號（一九一二年四月），《杜亞泉文選》，頁四〇。

方向、政治結構和政治倫理的根本變革（詳另文）。杜亞泉之所論，更多還是時人所謂專制和立憲的對應。倒是他所說的三助因，環環相扣，皆與新政直接相關，可能是促成革命更直接的原因。

中國的傳統政治理念，道家主無為，儒家主君主垂拱而治，都是一種不強調作為的小政府取向。而小政府的一個基礎就是分責分權。歷代關於郡縣和封建的長期爭議，便與怎樣分責分權相關。昔人也說郡縣制是中央集權，那其實是針對著封建制的弱中央而言，與今人心目中的中央集權，還差了十萬八千里，切莫混淆。但清季新政最後幾年，確因推行改革出現明顯的集權現象。

蓋清代督撫理論上是朝廷外派人員，卻又有不小的獨立許可權，故其「常利用其中間之地位」進行運作。當民氣強盛時，便「藉人民之後援，以抵抗中央」；若中央意志強硬時，則又盡力壓制，「保中央之信用，以摧殘民氣」。[14]及新政推行，朝廷發現「行省分權，不能舉改革之實，遂主張集權；即以是受人民之反抗，為此次革命之重大原因」。[15]而盛宣懷在辛亥年提出的「幹路國有，借款興築」政策，釀成了四川保路運動。前者便與

14 滄父（杜亞泉）：《論省制及省官制》，《東方雜誌》九卷三號（一九一二年九月），頁三—四。

15 杜亞泉：《中華民國之前途》，《杜亞泉文選》，頁三七。

中央、地方的權責相關，後者又觸動時人關於借外債即「喪失國權」的普遍認知。不得不事事作為的政府，面臨浩大的政費，又不能違背永不加賦的祖訓，遂只能靠徵收臨時性的苛捐雜稅和大借外債來應付。揆諸當時輿論，兩皆有自殺意味。這些方面，本書通論和各論均有論述，頗可參考。

六、追尋已逝的現場感

總之，對於辛亥革命的發生和進行，身歷鼎革的當事人，其看法與後人常不甚同。我們借助後見之明，更容易看到什麼直接影響到了結果。然而有些後人非常關注的，在時人的眼中，卻可能不過如驚鴻之影，一掠而過。反過來，有些他們所特別看重的，我們或有不知所云的感覺。包括本書附錄中的幾種「大事記」，有些我們今天來編寫，可能就不會收錄；而有些那裏不曾納入的，我們反會大書特書。胡適早就提醒我們，歷史記載中「最不近情理處，他的最沒有辦法處，他的最可笑處，也正是最可注意的社會史實」。[16] 本書

16 胡適：《〈醒世姻緣傳〉考證》（一九三一年十二月），《胡適全集》（四），安徽教育出版社，二〇〇三年，頁四〇七。

中所有與今不同的記錄和分析，都可視為歷史研究的突破口。

最重要的是，當下記載有其特定的長處，即在其可能「捉住當前一境」的現場感，那是後人永不能有的。顧頡剛曾論筆記的好處說，「或寫其直接之見聞，或記其偶然之會悟，要在捉住當前一境，使之留於札牘而不消失」；傳說中李賀在驢背得句即書於片紙，正欲保存「其一剎那間之靈感」。[17]蓋史事常如章太炎所說，「若空中鳥跡，甫見而形已逝」。[18]當時寫下的文字，不論其寫作或記錄的意圖如何，多少都能留下幾許「一剎那間」的感觸；與後人追記、考證者大不相同。

本書的整理出版，不僅讓我們看到很多重要的見解，還能讓我們體會時人的「當前一境」，庶幾可以捕捉已逝的「空中鳥跡」。例如，本書在論述袁世凱在直隸練北洋新軍時，便注意到其「數次辦理秋操及南北合操，頗能鋪張揚厲，聳動外人」（本書《軍政篇》）。這一點向為後之研究者所忽視。一九〇五年北洋新軍的首次實彈演習，據說耗銀百萬兩，在當時可是件大事。以當年的預算，固不免有人以為這樣做是過於浪費、勞民傷財，但也讓許多人——特別是在華外國人——看到一個「尚武」中國的興起。所謂「頗能

17 顧頡剛：《浪口村隨筆・序》（一九四九年七月），遼寧教育出版社，一九九八年，頁一。

18 章太炎：《國故論衡・文學總略》，上海古籍出版社，二〇〇三年，頁五四。

鋪張揚厲，聳動外人」，寥寥十個字，已概括了兩方面的觀感。這樣的現場感覺，最為後人所缺乏。

注意外人觀感，是當年一個重要現象，展現出一種面向世界的新眼光。《東方雜誌》對此也是有意為之。在前引七卷二號的「改良序例」中就新增中國大事記、世界大事記、中國時事彙錄、世界時事彙錄，以及中國調查、世界調查等欄目，都是考慮到「萬方多難，供殷鑒於寸心」；俾讀者「不出戶庭，足周知乎四國」。後來八卷一號的改版，也強調要「廣徵名家之撰述，博採東西之論著，萃世界政學文藝之精華，為國民研究討論之資料」。對於時事，更「近自吾國，廣及世界，凡政治上之變動、社會上之潮流、國際上之關係，必求其源委，詳其顛末」。

本書的編纂也遵循類似的取向，故配有「十年世界大事記」和「十年世界大勢綜論」（今入附錄）。在杜亞泉的論述中，更明確從中西文明結合的視角觀察中國的革命：

此十年內之變局，不特在吾國歷史中，為上下古今時勢轉移之樞紐；即在世界歷史中，亦為東西兩洋文化交通之關鍵。蓋十年以前，歐洲之文明，輸入我國者，僅物質科學之一小部分；精神科學，殆付之等閒。至政治上之思想與學說，尤為守舊者之所嫉視。雖仇洋之氣焰，既因巨創而漸消；而革新之精神，猶為群頑所阻遏。

> 鼓蕩之而消融之，使歐洲政治上之原理，得移殖於東亞大陸之上，則固自近十年始也。他日者，因兩文明之接合，辟偉大之境域於精神界上，固不能不以此十年為孕育胚胎之時代矣。

把辛亥革命視為「世界歷史中東西兩洋文化交通之關鍵」，恐怕是很多今人不太容易想到的。但也只有循此視角，才能真正理解後來的五四新文化運動，理解為什麼胡適把新思潮的任務界定為「整理國故，再造文明」。而中西文明接合之後，還要對世界文明做出貢獻，「辟偉大之境域於精神界上」，大體延續著梁啟超早年希望東西文明「結婚」的夢想，卻是後來許多人早已忘卻的抱負。北伐時胡適曾教導西人，社會主義是西方文明當時的最高階段，而西人就對此視而不見，需要他這個中國人來提示，同樣也是秉承這樣一種開放心態和世界眼光。

本書又一表現時人「當前一境」的描述，可見於杜亞泉對清季立憲國策的回顧。他說，「我國由君主立憲之預備時期，一躍而為民主立憲之確定時期，其進化之速，亦足為我國民幸矣」。這很容易讓人想起袁世凱稍早在鼎革時也曾說：由於改用共和國體，中國人遂「由專制朝廷之臣僕，一躍而為共和平等之人民。實我中華無上之光榮，亦世界罕聞之盛舉」（《為改定國體致各督撫等電》）。甚至一九一二年成立的孔道會，在上書大總統袁世凱時也說，「中國由專制一躍而為共和」。

這些政治和文化傾向不同的人不約而同地使用的「一躍」，最能表現那種一舉領先世界的榮幸感。而且這幾乎是個二級跳式的躍進，前「一躍」的立憲尚未及實現，後「一躍」的共和已凌空起步，並輕鬆跨越。故若從倒放電影的視角看，兩躍的起步點幾乎是同一的；若分而視之，從前「一躍」到後「一躍」，也沒用多久。當時世界的共和國不多，中國便居其一，在亞洲更是第一個。久積之願望，竟然一朝實現，得來不甚費工夫，其慶倖、自豪之感，皆發自內心。自十九世紀中葉以來，這樣的心境，已久違了。

對另一些人來說，原來革命這樣輕鬆容易，從此也就進一步確立了「革命」在從思想到行動各層面的「正確」性。「革命」在中國社會中的吸引力，自然不脛而走，成為很多人遇到問題時一個名列前茅的選項。套用今人的話說，在改寫歷史之後，要同樣以畢其功於一役的方式續寫歷史的嚮往，成為後來很多人的希望；也常因其事不能速成，而給很多人帶來失望。過去對辛亥革命的認知，便多受到這類失望的影響。

或許即因這次令人失望的具體革命並未「成功」，才讓抽象的「革命」在此後仍讓人流連不已，浮想聯翩，甚至感覺不「告別革命」就不足以推進他事，卻淡忘了我們其實經歷著五千年未有的大變。

辛亥革命是怎麼成功的？：回顧與反思

黃克武

一、前言

今年是辛亥革命一百周年。一百年前辛亥革命成功地推翻了清朝的帝制，建立了中華民國。辛亥革命的歷史意義，最簡單地說就是「推翻專制、建立共和」。從此中華民族告別了數千年的君主專制體制，開始「走向共和」。直至今日，無論是在台灣的中華民國或大陸的中華人民共和國，其政治體制雖有所不同，然均實施「共和」國體與「立憲」政體，亦即秉持孫中山所說的「天下為公」的理想，將國家的治理視為是所有公民的共同事業。

辛亥革命作為共和之起源，有其歷史背景。探討辛亥年所發生變化之根源，必須要回到晚清的歷史情境，我們如果不瞭解晚清七十年間對西方自由、民主與共和思想的引介、立憲派與革命派之爭論，以及立憲派在革命爆發後對安定社會、尋求和解等方面的貢獻，而只是將辛亥革命簡單地看成由革命黨領導的一次政治或軍事變革的話，那將是非常浮面的。

一、思想動員：辛亥革命的思想根源

要瞭解辛亥革命，必須追溯到道光、鹹豐年間，國人開始引介西方新的思想觀念，介紹世界地理、外國歷史，其中最重要的是共和、民主等觀念的引介。早在十九世紀三〇－四〇年代，當時中國思想家、傳教士等即開始介紹西方的民主、民權、自主之權等觀念。例如：林則徐、魏源、徐繼畬、梁廷枏等人開始介紹英國的君主立憲與美國的民主共和政體，並將華盛頓（George Washington）描繪成類似三代時堯舜那樣的明君，進而宣導他所樹立的民主風範。譬如，魏源認為美國的制度「其章程可垂弈世而無敝」，而且制度周全，達到「公」天下的理想。徐繼畬在一八四八年的《瀛寰志略》中則認為華盛頓「創為推舉之法，幾於天下為公，駸駸乎三代之遺意也」。馮桂芬則指出民主制度的重要功能在於可以通上下之情，使君民之間達到完善的溝通。大約在一八八〇年代，「君民共主」、「民主」作為政體型態的劃分，在中國知識界已鞏固建立，而肯定後二者之人愈來愈多。[1]這些想法都加強了人們對民主理想之認識與嚮往。此外從晚明以來，中國思想界內部即併發了一股反專制的思潮，從黃宗羲、顧炎武、唐甄到清中葉的龔自珍等人均「譏切時政，詆排專制」，促成晚清思想的解放。[2]由於這些長期的努力，反對專制、追求民主共和的觀念才得以推廣；晚清革命志士、立憲分子敢於構想一種嶄新的未來，追求自由、權利、憲政體制等，就是受到這些舊思想的砥礪與新觀念的啟發。

至晚清最後的十年，隨著留學生的增加，譯介新思潮的內容變得更為豐富。晚清思想家對民主思想的宣揚與革命觀念的傳播，奠定了辛亥革命的基石。當時有十餘部書刊發揮了很大的影響力，在思想上啟迪人們「走向共和」。它們分別是：嚴復翻譯的《天演論》（一八九八），譚嗣同的《仁學》（一八九七），梁啟超的《新民說》（一九〇二－一九〇六），孫中山等革命黨人有關「三民主義」的言論，《民報》與《新民叢報》論戰

1 黃克武，〈清末民初的民主思想：意義與淵源〉，《中國現代化論文集》（臺北：中研院近史所，一九九一），頁三六三-三九八。

2 梁啟超，《清代學術概論》（臺北：台灣中華書局，一九七四），頁五四。黃克武，〈從追求正道到認同國族：明末至清末中國公私觀念的重整〉，收入黃克武與張哲嘉編，《公與私：近代中國個體與群體的重建》（臺北：中研院近史所，二〇〇〇），頁五九－一一二。

選編，章太炎與康有為的政論，《革命軍》（一九〇三）、《猛回頭》（一九〇三）、《警世鐘》（一九〇三）與《獅子吼》（一九〇五），《民報》介紹法國大革命及盧梭（Jean-Jacques Rousseau）的文章，金天翮的《女界鐘》（一九〇三）等宣揚女權思想著作，廢科舉、興學堂各種論述，以及宮崎寅藏的《三十三年落花夢》（一九〇二）等。這些作品帶來了對新時代的嚮往，也提供了辛亥革命的思想溫床。

其中，直接激勵人們求新、求變思想的三本書是：嚴復翻譯的《天演論》、譚嗣同的《仁學》與梁啟超的《新民說》。嚴復是近代中國首批留洋學生，返國後以引介西學、翻譯西書，成為啟蒙導師。他所翻譯赫胥黎（Thomas H. Huxley）的《天演論》以典雅的桐城派古文來譯介新思想，鼓勵人們救亡圖存，成為競爭中的強者、適者，以免亡國滅種。同時，該書也介紹了一種新的、基於科學的宇宙觀與歷史觀。此書是近代中國革命與立憲思想的共同源頭。[3]清末民初時期人們所寫的日記、自傳等，大概共有幾百部，幾乎沒有人不提到曾閱讀《天演論》的經驗。胡適的自傳《四十自述》就寫得很清楚，他改名為「適」就是因為嚴復提倡「適者生存」；陳炯明號「競存」，也是出於相同的原因。[4]

3 黃克武，《惟適之安：嚴復與近代中國的文化轉型》（臺北：聯經出版公司，二〇一〇）。

4 胡適，《四十自述》（臺北：遠東圖書公司，一九六六），頁五〇。

《天演論》在晚清時帶來兩種不同的發展，一方面它鼓勵人們積極地應變圖強，使得一部分人因此而走上了激烈革命的道路；另一方面它主張「漸進」、「調適」，因為天的演化是逐步變化的，這一想法與改革派的漸進保守主張較符合。當時的立憲派，就擷取《天演論》之中的「漸進」主張，認為歷史的演變必須逐漸地變，不能把老房子推翻，重新再蓋，而必須慢慢地調整。他們提出，應該先改變君主專制、實施君主立憲，再進步到民主共和，這和上述西方傳入的政體劃分：「君主」、「君民共主」、「民主」的線性發展，以及康有為所說的「春秋三世論」也是一致的。其實，康氏便是以「春秋三世論」配合西方天演的觀念而提出三階段的發展。相對來說，革命黨覺得應該推翻專制，馬上建立一個民有、民治、民享的民主共和國，以順應世界潮流。

其次，與日後激烈革命行動關係最密切的是譚嗣同的《仁學》一書。譚嗣同是戊戌政變裡被斬首的「六君子」之一，他有機會逃出北京而不走，因為他要為革命而流血，好為歷史留下見證，這種殺身成仁、捨身取義的情操，使他所寫的《仁學》傳遞著一種「烈士精神」。[5]它對於辛亥革命、五四運動、共產革命（毛澤東即說他受湖南同鄉譚嗣同思

5 張灝認為：譚嗣同死於戊戌政變，他原有機會與時間逃走，卻抱持殺身成仁，為變法流血的決心，這種拒絕逃亡，從容就義，這份烈士精神就植基於他的「仁」的精神。可參考：張灝，《烈士精神與批判意識》（臺北：聯經出版有限公司，一九八八），頁一〇八。

想的啟迪）均有影響，促成中國近代思想史上的激進化。[6]譚嗣同提出的口號是「衝決網羅」，主張要破除綱常名教。他覺得五倫中的三綱部分：君臣、父子、夫婦都有壓迫性，兄弟也具有上下的關係。五倫中唯一可以保留的，只有朋友一倫，因為朋友才是平等的。譚嗣同的想法，在清末民初引起很大反響。如清末劉師培主張「毀家」，認為：「蓋家也者，為萬惡之首」（後來傅斯年、李大釗與熊十力都有相同的看法）；[7]五四時期，魯迅、巴金等人對家庭制度的大力抨擊，都可以上溯至譚嗣同的《仁學》。[8]

相對於鼓舞革命的《仁學》來說，梁啟超的《新民說》比較複雜。梁啟超在一九〇二年去美國訪問之前，是比較激烈的，並嘗試與孫中山合作，共謀革命。他在《新民說》的前期，提出種種口號，主張塑造新國民。他認為新國民必須要有公德、進步、自由、權利、義務、冒險、進取等觀念；他又提出了尚武的思想，這些都圍繞著新國民的改造。梁任公最早指出：中國人的問題關鍵在於國民品質，所以我們必須建立新時代所需的新國民，中國才有希望。此一想法其實就是後來魯迅所提倡的「國民性改造」。一九〇三年，梁任公遊歷了新大

6 Ying-shih Yu, 「The Radicalization of China in the Twentieth Century,」 *Daedalus* 122：2（1993）, pp. 125-150.

7 參見余英時，〈中國現代價值觀念的變遷〉，《現代儒學論》（上海：上海人民出版社，一九九八），頁一四七－一四八。

8 巴金的激流三部曲中，以《家》對傳統中國家庭對女性的桎梏有深動描寫，也是另種形式對傳統中國家庭及其產生罪惡的上乘作品與沉痛控訴。巴金，《家》（北京：人民文學出版社，一九八六）。

陸之後，看到民主的缺陷與華人在民主體制之下的種種缺點，轉而保守。他又受到嚴復、斯賓塞（Herbert Spencer）群學思想中「循序漸進」觀念的影響，認為新道德的建立必須奠基於傳統倫理之上，開始主張依賴傳統思想資源，以「私德」的改造作為「新民德」的基礎。用任公的話來說是：「新之義有二：一曰淬礪其所本有而新之，二曰採補其所本無而新之，二者缺一，時乃無功。」[9]梁任公與革命黨的分道揚鑣與此思想轉向不無關係。梁任公的調適、漸進的思想在晚清普遍流傳，成為立憲派「言論的指導者」。[10]黃遵憲說梁任公的文章：「驚心動魄，一字千金，人人筆下所無，卻為人人意中所有」。[11]以梁任公為首的立憲派主張中國應仿效英國與日本，從君主專制改變為君主立憲，等時機成熟之後，再轉變為民主共和。

上述書刊有一些共同的關懷，包括肯定適者生存、優勝劣敗的進化史觀與以民主憲政作為終極的政治理想；不過，人們對民族、民權和民生等三大議題卻展開了激烈的辯論。孫中山先生一派的革命黨堅決支持種族革命與政治革命，主張驅除韃虜、建立共和，把滿州人趕回東北或徹底消滅；而以梁啟超為代表的立憲派、保皇黨，所支持者則是君主立

9 黃克武，《一個被放棄的選擇：梁啟超調適思想之研究》（臺北：中研院近史所，二〇〇六）。
10 張朋園，《立憲派與辛亥革命》（臺北：中央研究院近代史研究所，二〇〇五[一九六九]），頁三七—四四。
11 黃遵憲，〈黃公度致飲冰室主人書〉，收入：丁文江（編），《梁啟超年譜長編》（上海：上海人民出版社，二〇〇九）頁二七四。

憲，希望先實施君主立憲，等時機成熟後再邁向民主共和。最後是關於民生問題的辯論，康、梁派採取的是較傾向資本主義的路向，主張提倡生產、發展經濟、保護私有財產；而孫中山所代表的革命黨，採取的則是傾向社會主義的發展方向，主張土地國有與節制資本等。[12]一九〇二－一九〇七年間，梁啟超在橫濱辦《新民叢報》，革命黨則在一九〇五年於東京辦《民報》與之抗衡。當時的人們在閱讀上述書刊之後，受其啟發，而在一九〇五年前後，越來越多的人轉而支持革命。一位從湖南長沙官派到日本學政治的留學生黃尊三寫下了《三十年日記》。他講述留學的過程：到東京以後，開始進入語言學校；除了讀英、日文，閒暇的時候就讀梁啟超的《新民叢報》和《民報》。一九〇五年之前，他比較同情康、梁，他說：「《新民叢報》……文字流暢，議論閎通，誠佳品也」；一九〇五年之後，因為看了《民報》與《新民叢報》的辯論，受到《民報》革命思想的鼓舞，轉而支持革命。一九〇五年十一月三日，他在日記上寫道：「《民報》為宋遯初、汪精衛等所創辦，鼓吹革命，提倡民族主義，文字頗佳，說理亦透，價值在《新民叢報》之上。」[13]此一個案具有指標性意義，象徵了留日學生思想的轉向，亦即一九〇五年之後和黃尊三一樣，從支持改革

12 亓冰峰，《清末革命與君憲論爭》（臺北：中研院近史所，一九六六）。

13 黃尊三，〈留學日記〉，《三十年日記》（長沙：湖南印書館，出版時間不詳），頁三五。

轉向肯定革命的留日學生，為數不少。

總之，在晚清革命與立憲的各種書刊宣傳之下，人們鼓起勇氣參加革命，促成了辛亥革命的成功，建立起了亞洲第一個民主共和國，將中國引入了一個新的時代。就辛亥革命的事件來說，這個新時代的出現或許是偶然的，可是此一偶然的背後，卻是上述報刊所發揮思想動員的結果。梁啟超在一九一二年十月所做的〈歸國演說辭〉中指出：「武漢起義，不數月而國體丕變，成功之速，殆為中外古今所未有……問其何以能如是，則報館鼓吹之功最高」，他並說：「中華民國之成立，乃以黑血革命代紅血革命焉可也」，上文的「黑血革命」正是思想動員所扮演的角色。[14]

二、革命黨與立憲派共造共和大業

長期以來，人們對辛亥革命的認識受到兩種官方論述的影響，而不能認清歷史的複雜面貌。國民黨的革命史觀圍繞著孫中山先生，以及同盟會等革命團體，卻忽略了其他革命領

14 梁啟超，〈歸國演說辭〉，《飲冰室文集》（臺北：台灣中華書局，一九七八），卷二九，頁一。

袖與社團，如湖南的華興會與浙江的光復會，以及立憲派的角色。自民初以來，國民黨主政之時即透過教育與宣傳機制來強調：辛亥革命是在孫中山先生領導下，從光緒二十年（西元一八九四年）的興中會開始到光緒三十一年（西元一九〇五年）的同盟會，革命黨人經歷黃花崗起義等十次革命，拋頭顱灑熱血，前仆後繼，終於在辛亥革命爆發後獲得成功，建立了民國。此一說法雖有一定之史實基礎，然實為選擇性的表述，並無法展現歷史曲折之真相。

共產黨的史觀則是典型的馬克思主義「社會發展的階段論」，也是出於特殊的黨派視角。他們認為，中國的封建社會延續到一九一一年，辛亥革命推翻了封建王朝，這是所謂的「舊民主主義」革命，由於資產階級的民主推翻了封建專制，使「被壓迫的無產階級…認清自己的地位，組織起來，掀起反對資產階級的世界工人運動」，所以辛亥革命是有功的。[15]但是，辛亥革命是由「資產階級」領導的革命，因此具有「歷史的局限性」。最近章開沅先生在二〇一一年七月出版的〈辛亥百年遐思〉一文，仍表示他認為：「辛亥革命是一次不成熟的資產階級革命」，雖然他澄清此一說法「並非起源或拘泥於馬克思主義」，也不是「蓄意貶低辛亥革命」或孫中山的領導，因為「資產階級革命與無產階級革命只有時間序列的差別，並不存在高下之分」，所以名為資產階級革命辛亥革命仍具有

15 引文出自列寧的〈論國家〉，轉引自熊月之，《中國近代民主思想史》（上海：上海人民出版社，一九八六），頁七。

「社會革新的承載與推動力量，大可不必為此感到委屈」。[16]章先生的說法顯然因為受到改革開放歷史經驗的影響，更為肯定資本主義與資產階級的「進步面」，然其說法與共產黨官方論調並無本質上的不同。此一線性發展的觀念都是為了強調在「不成熟」的辛亥革命之後，中國共產黨承接孫中山先生的未完成之志業，繼續努力，發動「新民主主義」革命。辛亥之後接續是一九一九年的五四運動，五四運動帶來了民主與科學，也造就了中國共產黨。成立於一九二一年的中國共產黨，自認繼承了孫中山民主革命的遺志，進行無產階級革命，於一九四九年建立了中華人民共和國。由此可見，共產黨對於辛亥革命的歷史詮釋與國民黨類似，都是為了闡明自身政權的歷史合法地位與政治正當性，至於孫中山先生的政治理想與中共理念嚴重矛盾之處，則少予措意。

一九八二年張玉法先生曾就辛亥革命性質問題與章開沅先生展開辯論，指出辛亥革命是「全民革命」，意指它為全民參與並為全民利益的一場革命。張玉法先生的說法實際上是奠基於台灣史學界長期的研究成果。過去三四十年來，台灣史學界對於辛亥革命的研究，已經逐漸走出單一的意識形態的束縛，開始重新審視辛亥革命的多重意涵和複雜面向。張朋園先生從一九六〇年代開始關於梁啟超與立憲派的研究讓我們開始正視辛亥革命

16 章開沅，〈辛亥百年遐思〉，《近代史研究》，期一八四（二〇一一年七月），頁六－七。

的成功，除了革命派從興中會開始那些拋頭顱、灑熱血的革命志士外，還有其他的力量與群體，其中勢力最大的就是以康、梁為首的立憲派。[17]事實上，辛亥革命之所以能成功，真正的轉捩點是革命爆發之後在各地得到立憲派人士的大力支援。

張朋園先生指出梁任公筆端常帶感情的那支筆，尤其發揮了很大的影響力。因為梁任公的鼓吹，其立憲思想之影響由海外轉向國內，連清廷都開始準備開國會，預備九年後實施立憲，後遭抗議而改為六年。這些晚清官員立憲思想的淵源，主要即是康、梁等人的著作。張朋園先生在《梁啟超與清季革命》中指出，梁任公在三十一歲之後轉而推動立憲，主張在安定中求進步：「梁氏認為革命之後建設不易，更可能陷國家社會於紛亂。證之於中國百年來革命之歷史，梁氏無異一先知」。[18]

其後，張朋園先生又出版了《立憲派與辛亥革命》。在此之前少有人仔細研究立憲派，以及辛亥革命與立憲派之間的關係。透過通觀全國各地，辛亥革命前後的發展，張先生發現辛亥革命爆發之後，主要是依靠「進步的保守分子」立憲派士紳的支持，才可能在這麼短的時間內，獲得全國大多數省份的認可，最終脫離清朝控制。四川省諮議局議長蒲

---

17 張朋園，《梁啟超與清季革命》（臺北：中央研究院近代史研究所，一九六四）；張朋園，《立憲派與辛亥革命》。

18 張朋園，《梁啟超與清季革命》，見封面折頁之內容介紹。

殿俊不但向清廷請願立國會，且領導護路運動、罷課、罷市，加速了革命的爆發；湖北省諮議局議長湯化龍在武昌起義之後即與革命黨合作，通電各省，呼籲回應獨立；湖南省諮議局議長譚延闓在革命爆發後，起而擔任都督，使湖南在短期之內恢復秩序。哥倫比亞大學教授韋慕廷（Clarence Martin Wilbur）在該書序言中說：「許多在革命前屬於君主立憲派的人，在辛亥時期與革命派合作。事實上，在促使帝制的崩潰中，他們起了重要的作用……如果對立憲派的活動懵然無知，我們對辛亥革命的過程是不能瞭解的」。[19]

汪榮祖先生對於江蘇地方的辛亥革命史的研究，同樣顯示了立憲派在建立民國過程中的重要性。在武昌辛亥革命爆發之後，江蘇省是第一個回應且宣佈獨立的省份。誰宣佈獨立的？不是當時的江蘇巡撫程德全，而是張謇這一批立憲派人士。以張謇為首的立憲派人士宣佈獨立的原因不是因為他們支持革命黨的革命理念，相反地，這些人非常害怕革命黨。立憲派士紳宣佈獨立的主因，其實是為了自保。因為辛亥革命造成較大的社會動盪，其根源要追溯到晚清的一些重要變化：從太平天國起事之後，中國東南一帶人口銳減，使社會發生了相當多的巨大變化。其中一環，就是地方士紳為了維護治安而慢慢地掌握了地方上的權力。由於晚清有相當多的賠款，特別是辛丑合約，賠了白銀四萬萬五千萬兩，幾

19 韋慕廷，〈韋慕廷先生序〉，張朋園，《立憲派與辛亥革命》，頁iii。

乎是一人賠一兩。這樣的巨額賠款，對地方財政造成了很大負擔，且直接就攤派到各省。民間生活因此更形困頓，社會上出現了不少流民。換言之，清末財政困境使許多人們的生活極不穩定。這些人有的就像魯迅筆下的阿Q那樣不自覺的成為革命軍的基礎，而有些就變成社會動盪的根源。所以，辛亥革命之後，通過江蘇的例子就可見，地方士紳宣佈獨立乃是為了自保。他們希望在革命軍於武昌起義成功而中央無法控制局面之時，可以依賴自身的力量保障身家性命，這才是他們宣佈獨立的根本原因。[20]至於他們之所以有能力宣佈獨立，是因為自太平天國之後，他們就開始在地方上長期經營。他們不但有經濟上的實力，甚至握有自己的武力。以張謇為例，他在清末所做的建設工作相當驚人。他有一整套地方建設的構想，包括實業、教育、慈善、政治等方面，還請荷蘭專家協助開發海埔新生地，蓋了中國第一個博物館等。誇張一點地說，張謇可謂當地的「土皇帝」。辛亥革命爆發之前，他就已是地方實力人物，透過政治參與進入諮議局、資政院，成為這些地方議會的領袖。由於這些立憲派人士擔心革命後的社會動盪，起而自保，革命才會成功。因此，辛亥革命是立憲派士紳支持之後，各地回應所產生的結果。辛亥革命之後促成政權和平轉移的南北議和，也主要是在立憲派人士努力下才獲得成功的。

[20] Young-Tsu, Wong,「Popular Unrest and the 1911 Revolution in Jiangsu,」*Modern China* 1977：3, pp. 321-344.

最近周德偉的生前回憶錄《落筆驚風雨：我的一生與國民黨的點滴》刊行，尤其顯示出辛亥革命在湖南的成功是革命黨（其中有大量會黨人士）與立憲派之間合作、角力的結果。周德偉是近代中國第一位留學英國倫敦政經學院、受教於經濟學家哈耶克，並介紹、翻譯哈耶克著作的學者，其名聯「豈有文章覺天下，忍將功業苦蒼生」廣為人知。他在回憶錄中描寫參加革命黨的父親周鴻年，在清末湖南長沙參加辛亥革命的過程。

周鴻年是當地中下層士紳，沒有科舉功名，擅長中醫，並擔任地方主簿之職，與黃興是鄰居。光緒二十九年（一九〇三）黃興自日本返國，聯絡湖南「會黨異人」，並吸收周鴻年等人共組華興會，參與者有吳祿貞、陳天華、章士釗、譚人鳳等人。黃興所採取的策略是鼓勵會中同志以捐納的方式加入清軍，伺機響應革命行動。革命黨人如吳祿貞後為清軍的鎮統、藍天蔚為協統，尹昌衡則納資為廣西軍官。這些人後來對辛亥革命的成功都發揮了重要的作用。

辛亥八月下旬，周鴻年決定參與革命，「著戎裝，騎駿馬，配手仗，攜四勇士」，在跪稟父母之後，當場剪去長辮，投身革命。周鴻年「率會黨人員及農民數千」起事，佔領株州，越醴陵、攻萍鄉。這時由於革命軍興致使省城長沙紛亂，大吏皆逃，會黨領袖焦達峰成為都督，他不久即殺死了對他具威脅性的新軍協統黃忠浩。此舉使維新份子深感不安。其後焦又被巡防軍統領梅馨所殺，諮議局議長譚延闓被推舉為都督，起而維護治安。

這主要是因為「湖南士人多懼草莽英雄」，在「士紳疑忌」下，不願由具豪強精神之革命黨來主導，才由譚延闓出任都督。當時即盛傳焦達峰被殺一事乃由譚所主使，由此可以窺見出自草莽之革命軍與士紳之間彼此猜忌。周德偉的回憶錄為我們提供了一些對湖南地區辛亥革命的瞭解，藉此可以得知革命成功的背後有各種複雜的因素，然其主調十分明確：辛亥革命的成功是革命黨與立憲派既合作又角力的結果。[21]

三、辛亥革命與建國百年的歷史意義：代結論

辛亥革命並不像國民黨所說的完全由革命黨所主導；也不像有些中共史家所說的是一個資產階級的革命。辛亥革命有一個長期的思想醞釀的過程，同時它的參與者來自不同的階級，並為了不同的目的而參與。我們可以用下面的一句話表示：革命成功乃彙集了各種勢力之後所共同形成，其中革命黨人多受理想激發，揭竿起義，立憲派人士則或為自保，或為維繫秩序，起而回應。辛亥革命就在新、舊勢力妥協之下獲得成功。民國之後，在實

21 周德偉，《落筆驚風雨：我的一生與國民黨的點滴》（臺北：遠流出版社，二〇一一），頁八四－八六。

施民主過程中所出現的諸多困難與挫折，亦部分地源於此一妥協的性格。

辛亥革命成功之後，民國體制所受到的第一次挑戰是袁世凱的帝制，他邀約支持者組織籌安會，宣揚「君憲救國」。此舉受到國內強力的反對，其中最具決定性的反袁力量是雲南所組成的護國軍。此一討袁行動結合了以唐繼堯為首的雲貴軍人、以梁啟超、蔡鍔為首的進步黨人與李烈鈞等國民黨人。反袁勢力逐步擴大，得到各地的回應，列強亦對袁世凱提出警告。袁世凱此時迫於內外壓力，只好結束帝制，從而一病不起。此後，雖陸續有傅儀復辟、國民黨推行法西斯主義等歷史逆流，然民國理想已穩固確立，專制一去不返，民主共和成為國人至今仍努力追尋的目標。

辛亥革命成功之後，推翻了數千年的專制政體，建立了中華民國。此一中華民國雖在一九四九年遭遇重大的挫敗，但一直到今日，中華民國仍然存在，而且是全世界華人所建立的國家之中最自由、最民主的國度。台灣的民主實踐與辛亥革命有直接的關係。眾所周知，台灣民主的成功出於多種因素與相當特殊的歷史機緣，其中一個不能忽略的因素即是孫中山先生的「三民主義」。三民主義提供了中華民國的政治框架和思想藍圖，孫中山先生在三民主義中提出民族、民權、民生三大訴求，標舉了自由、平等、博愛的理想，這些建國理念對台灣民主發展有重大的助益。其中的一個最明顯的關連就是：民權主義提供了戒嚴時期反對運動的理論基礎，同時執政黨也依此來解除戒嚴，回歸真正的「自由中國」。由這角度來觀察，今天存在的中華民國是一九一一年辛亥革命後所建立的，其基本的政治內涵即是中華民國憲法第一條所說的：中華民國基於孫中山先生的三民主義，為一個民有、民治、民享的民主共和國。這樣一來，三民主義是非常珍貴的思想遺產，也只有在這樣的思想引領下，才看得到台灣民主發展進程中內在蘊含的一種非常重要的力量。

這同樣也可以解釋兩岸異同與中國大陸未來的發展。今日的大陸，在六四天安門事件與實施各種各樣改革開放的經濟政策之後，能不能走向民主，仍是未知之數。所謂具有中國特色的市場經濟到底走向何處，也是一個無人能確切回答的問題。為何如此？因為中共官方對思想的控制仍非常的嚴格。現在大陸上已少有人真正信仰共產主義、相信馬克思思想，不過馬克思主義在宣傳與教育方面仍固若磐石，從上述章開沅先生的看法即可窺知一二。在此情況之下，大陸缺乏了民主改革的理論空間。換言之，中國大陸未來繼續發展下去，並不一定會走向台灣模式的自由民主。三民主義對中華民國的重要性不言而喻。它讓在台灣的中國人，從事一項重要的政治實驗，而證明在中國文化影響之下、在肯定傳統之精神中，中國人可以建立以一個以自由民主制度為基礎的現代生活。當然，民國以來實施民主的很多問題直到今天依然延續，這是我們所必須面對的一個嚴峻挑戰，也是我們今天追索辛亥革命、慶祝建國百年的意義之所在。

亡國、亡省、亡人：一九一五－一九二五年中國民族主義運動之演進

王奇生

在中國近現代史上，最深最頻的危機，莫過於「民族危機」。每次危機的應對，都往往引發一場聲勢浩大的集體動員和集體行動。一般而言，「危機」與「動員」之間存在著正相關關係，「危機」越急越深，「動員」越大越烈。不過，本文所要探討的時期（一九一五－一九二五），情形似有所不同。在此期間，主要由於日本的挑戰與刺激，中國發生了三次大規模的民族主義集體抗爭行動。值得注意的是，這三次集體行動的規模與「危機」的程度並不構成正相關關係，甚至呈現出相反的態勢。從一九一五年抗議日本向中國提出「二十一條」，到一九一九年抗議巴黎和會將山東權益歸屬日本，到一九二五年抗議上海日本工廠槍殺中國工人顧正紅，三次「危機」的程度一次比一次減弱，而集體行

動的規模卻一次比一次增大。這樣的態勢自然值得我們探討。這一時期中國所實際面臨的「民族危機」與中國民眾的「民族主義意識」之間，到底具有怎樣的關聯性？哪些因素影響和制約著這一時期中國民眾的集體行動。

一、危機：亡國、亡省、亡人

一九一四年，第一次世界大戰爆發。日本以為西方列強無暇東顧，趁機以對德國宣戰的名義，出兵山東，攻佔青島（膠州灣），奪取德國在中國的權益。隨之又於一九一五年一月向中國袁世凱政府提出「二十一條」要求，並於五月七日向中國政府發出強制接受的最後通牒。當時中國輿論一致認為，日本提出的「二十一條」要求，與日本昔年向朝鮮提出的要求相仿，朝鮮接受要求後，不久即為日本吞併。中國如果答應日本的「二十一條」要求，即將蹈朝鮮覆轍而亡國。故這次危機可稱之為「亡國」危機。

一九一八年，第一次世界大戰結束。中國作為協約國聯盟中的一員，也一同歡慶勝利，並希望日本在大戰期間強迫中國簽訂的條約會在戰後召開的和會上得到列強的糾正和調整。但在一九一九年召開的巴黎和會上，日本提出山東議案，列強竟承認其接替戰前德國在中國山東的權益。消息傳到中國，輿論疾呼「膠州亡矣，山東亡矣，國不國矣！」[1]鑒於此次危機的重心在「山東之亡」，姑且稱之為「亡省」危機。

一九二五年五月，危機再次爆發。此次危機的導因，是上海的日本紗廠槍殺中國工人顧正紅，引發學生的聲援抗議。而學生的遊行示威又遭到租界英國巡捕的開槍射擊，進而擴大為更大規模的集體抗爭行動。鑒於此次危機乃因顧正紅被殺而引發，姑且稱之為「亡人」危機。

二、動員：事件、運動、革命

值得注意的是，一九一五年反對「二十一條」的集體行動雖然具有全國性的規模，在中國近現代史上卻沒有被稱做「運動」，甚至沒有統一的命名，一度紀念的「國恥日」[2]在一九四九年後也不再紀念（下文姑且以「五七」為此次運動之代名）。而一九一九年

1 《外交部等處理日使要求取締散發反日宣傳品檔》，中國社會科學院近代史研究所等編：《五四愛國運動檔案資料》，中國社會科學出版社一九八〇年版，第二〇一頁。

2 當時人將五月七日日本提出最後通牒之日或五月九日即袁世凱政府接受「二十一條」之日，定為「國恥日」。

「五四」之後不久，「五四運動」的命名即很快為時人認同，並一直紀念至今。在中國革命史上，一般認為五卅運動是一九二〇年代國民革命的開端。將五卅運動定性為「革命」，亦是當時人的看法。如瞿秋白在一九二五年八月出版的《嚮導週報》和一九二六年三月出版的《新青年》上分別撰文指出：「五卅以後，中國的歷史已經開始一個新時期——實行國民革命時期」；「中國的國民革命從五卅開始了！」[3]就動員規模而言，三次集體行動明顯呈現出遞增的態勢。「五七」、「五四」、「五卅」大體呈現出「事件」、「運動」、「革命」三個不同的層次：

事件：有具體的政治訴求，組織化程度較低，行動相對溫和。

運動：有具體的政治訴求，有相當的組織性，行動較為激烈，規模宏大。

革命：政治訴求上升為意識形態，尋求根本改變現狀，行動極為激烈，由革命政黨領導，高度組織與高度動員。

五七／事件、五四／運動、五卅／革命，大致可以代表中國近代民族主義運動的三個不同層級，或演進的三個階段。

[3] 秋白：《五卅後反帝國主義聯合戰線的前途》，載《嚮導》第一二五期，一九二五年八月；瞿秋白：《國民會議與五卅運動》，載《新青年》第三號，一九二六年三月。

三、主導、參與群體

一九一五－一九二五年間，三次民族危機，呈現出「亡國」、「亡省」、「亡人」的遞增態勢，而應對三次危機的集體行動，卻呈現出「事件」、「運動」、「革命」的遞減格局。如何解釋這一現象？

歷史現象的產生，往往是眾多因素共同起作用的結果。而要將眾多因素一一闡明，並綜合分析它們之間複雜的互動關係，顯然不是一件容易的事。本文僅就主導及參與群體、組織化程度、中心口號、物質基礎等幾個方面加以分析。

比較五七、五四、五卅三次集體行動，組織領導和參與群體的變化，應是其中的關鍵因素。

從五七到五四，前後相距不過四年，卻可明顯看出主導群體由傳統士紳向新知識份子的轉變。一九一五年的反日運動，全國各地最活躍的組織是商會和教育會，最活躍的群體是城市紳、商階層。[4]由於袁世凱政府迫害和打壓革命黨，很多革命黨人與思想激進的學界人士「遠舉高蹈，或潦倒租界，或漂泊異鄉。」[5]故未能成為反日運動的主力。另一值得注意的現像是，在校青年學生僅有小部分參與，未能形成大規模的群體性行動。直至一九一九年五四之際，學生界才「奇軍突起」[6]。一九〇五年廢科舉興學校，新式教育從小學讀到大學，一般需要十餘年的時間，這意味著，五四前後的大學生，正好是第一代在國內完整接受新式教育的青年學生。不過，青年學生的群體性覺醒，還有兩個至關重要的因素：一是蔡元培於一九一七年出任北大校長並對北大進行改革，學生的思想和氣質發生了重要的改變。當然這一改變主要發生於北大。二是新思潮、新文化運動對青年學生產生了不可估量的影響，而且這一影響具有全國性的效應。當時人即注意到，清末就有學生運動，但未能形成彌漫全國的「精神喚醒」[7]，也未形成學生群體的自覺行動[8]；「因

4 參見羅志田：《救國抑救民？「二十一條」時期的反日運動與辛亥五四期間的社會思潮》，氏著《亂世潛流：民族主義與民國政治》，上海古籍出版社二〇〇一年版，第六〇—七八頁。

5 魯尚：《責任心》，《甲寅》第十卷第一號，一九一五年十月。

6 羅家倫：《一年來我們學生運動底成功失敗和將來應取的方針》《晨報》一九二〇年三月四日，第二版。

7 陶孟和即指出：清末也有學生運動，但「學生運動成了彌漫全國的「精神喚醒」，總要算是在「新思潮」發生以後。他的誕生日，就是民國八年五月四日。」陶孟和：《評學生運動》，《新教育》第二卷第五號一九二〇年一月，第五九八頁（卷頁）。

8 一九一九年十月沈仲九在《五四運動的回顧》一文中指出：「前清時候的學生也有做革命事業的，但他們都是離

為有了新思想，於是遂有『五四運動』的事實。」[9]不過，陳獨秀的《新青年》雖然早在一九一五年即創刊（初名《青年》），但在最初兩年影響有限，真正引起青年學生的關注，是在一九一八年以後。[10]

學生群體的興起是五四時期特別明顯的現象。[11]五四運動雖然也有商人、工人參與，而學生始終是運動的主導群體。五四運動中，京、滬等大城市的市民群體中，大致存在著這樣一種態勢，即商人同情學生，而工人又信仰商人。因而學生罷課帶動商人罷市，商人罷市又帶動工人罷工。「商罷市，工輟業，皆惟學生之馬首是瞻。」[12]青年學生很快樹立起社會信仰。蔡元培即注意到，「『五四』以後，全國人以學生為先導，都願意跟著學生

了學生的地位，而且是個人行動的，若用學生的資格，大家聯合起來，去做關係國家社會的事業，是沒有的。」《建設》第一卷第三號一九一九年十月，第六〇四頁（卷頁）。

9 仲九：《五四運動的回顧》，《建設》第一卷第三號，一九一九年十月，第六〇一頁（卷頁）。

10 參見王奇生：《新文化是如何「運動」起來的》，《近代史研究》二〇〇七年一期。

11 參見羅志田：《課業與救國：從老師輩的即時觀察認識「五四」的豐富性》，《近代史研究》二〇一〇年第三期，第頁二九。

12 邵力子：《跋〈學生潮〉》，上海《民國日報》一九一九年六月二七日，引自傅學文編：《邵力子文集》（上），北京：中華書局一九八五年版，第一三五頁。時任《覺悟》副刊主編的邵力子還注意到，上海六三運動所用的口號，除了「打倒賣國賊」，還有一句極明顯的，是「援助北京學生」。在邵看來，後一句是上海「六三運動特有的精神」。見《六三運動的精神哪里去了》，上海《民國日報》一九二四年六月三日「言論」，引自《邵力子文集》（下），頁九四五—九四六。

的趨向走。」[13]「從前的社會很看不起學生，自有此運動，社會便重視學生了」。[14]陶孟和也指出，五四以前，教育界完全被社會忽視，五四以後，「教育變成了一種勢力，一種不可侮的勢力。誰有敢同他抗衡的，沒有不顛仆的。政府要寬容他，軍閥要逢迎他，政客要聯絡他，就是眼光最短的商人也何嘗敢得罪他。所以從此以後，教育界由可忽略的分量一躍而為政治、外交、軍事、財政、政黨，總之一切活動的重要樞紐，……教育界變成了無冠之王。」[15]陶孟和所稱的「教育界」其實即指「學生界」。

從五四到五卅，前後相距六年，其間最顯著的變化是新型革命黨的興起。一九一五年反日運動時，以孫中山為首的中華革命黨[16]因受袁世凱政府的壓迫而流亡海外，在民族矛盾和國內政爭之間處於兩難境地，基本置身運動之外。一九一九年五四運動中，儘管一些革命黨人積極參與和贊助了五四運動，但中華革命黨並沒有以一個政黨的姿態，對這場運動發揮領導和組織作用。所以，五七、五四，均沒有政黨力量參與。「以前從事革命事

13 蔡元培：《在北京高等師範學校學生自治會演說詞》（一九二〇年十月），高平叔編：《蔡元培全集》（三），中華書局一九八四年版，第四六五頁。
14 蔡元培：《對於學生的希望》（一九二一年二月二五日），《蔡元培全集》（四），頁三七。
15 陶孟和：《現代教育界的特色》，《現代評論》第一年周年紀念特刊，一九二五年底，頁三一—三六。
16 中國國民黨乃延續興中會（一八九四—一九〇五）、同盟會（一九〇五—一九一二）、國民黨（一九一二—一九一四）和中華革命黨（一九一四—一九一九）而來。

業的人，專在運動軍隊、組織軍隊上注意，而忽視了民眾勢力的。」[17]這正是對當時國民黨的寫照。五四之後兩年，中國共產黨成立。到五卅的時候，中共一舉成為運動的主角，在運動中擔當了舉足輕重的角色。整個運動的靈魂和實際領導者是中國共產黨。五卅運動是中共領導的第一場具有全國性規模和影響的群眾運動。是時的中共還是一個不足四年黨齡、不足千名黨員的小黨。黨員以青年知識份子為主，沒有發動和領導大規模群眾運動的經驗。儘管如此，五卅運動仍能轟轟烈烈地持續達數月之久，充分嶄露了中國共產黨在民眾運動方面非凡的組織領導能力。若說五四孕育了中共，五卅則堪稱是中共崛起的標誌，也是中共正式登上全國政治舞臺的標誌。

五卅之前一年，孫中山「以俄為師」，按照俄共模式改組國民黨，並容納共產黨。五卅之前兩月，孫中山剛剛逝世，國民黨高層正面臨權力繼替，忙於肅清內部不可靠的軍隊和籌建廣州國民政府。國民黨的地方黨務機構大多控制在中共黨、團員之手。由於中共的很多活動是打著國民黨的招牌進行的，故五卅運動亦大大擴大了國民黨在全國的政治和社會影響。五卅以後，青年學生成群結隊南下加入國民革命的行列。國民黨亦迎來了一個組織擴充的高潮時期。不過，國民黨始終走「精英」路線，與中共的「群眾」路線判然有

17 周鯁生：《民眾勢力的組織》，《現代評論》第一卷二十四期，一九二五年五月二十三日，頁四－五。

別。孫中山雖然倡導「扶助農工」，仍是以「先知先覺」、「後知後覺」去「扶助」「不知不覺」，這與直接以工農利益代表自任的中共黨人相比，雖有相近之處，卻有很大不同。中共很快成長為一個擅長群眾運動的動員型政黨。國民黨則始終與下層民眾相脫離。

四、組織化程度

抵制「二十一條」時，主導力量是紳、商。京、滬、江蘇等地的商會和教育會是比較有組織的團體，也起了很大的作用，但未能建立起全國性的聯合組織。除此之外，全國各地新成立了許多小團體，並建立了各種抵制日貨的組織，各地群眾性的集會也紛紛舉行，但基本上是分散的，各自為戰的，甚至存在著相互競爭。救國儲金是此次反日運動中最活躍也是最主要的方式之一。上海建立了全國性的救國儲金總事務所，但「總事務所」是自封的；全國各地建立了四〇〇多處分所、分會，[18]實際不受上海總事務所的指揮和控制，

[18] 參見羅志田：《救國抑救民？「二十一條」時期的反日運動與辛亥五四期間的社會思潮》，氏著《亂世潛流：民族主義與民國政治》，頁七三—八一。

因此缺乏強有力的組織領導與統一的、全國性的聯合行動。

五四運動，組織動員力度明顯增強。羅家倫即認為「社會組織」的演進，是五四運動一個「絕大的成績」：

「五四以前中國的社會，可以說是一點沒有組織。從前這個學校的學生和那個學校的學生是一點沒有聯絡的，所有的不過是無聊的校友會，部落的同鄉會；現在居然各縣各省的學生都有聯合會。從前這個學校的教職員和那個學校的教職員也一點沒有聯絡的，所有的不過是屍居餘氣的教育會，窮極無聊的懇親會；現在居然有好幾省已經組織成了什麼教職員公會。從前工界是一點組織沒有的，自從五四以來，有工人的地方，如上海等處也添了許多中華工業協會、中華工會總會、電器工界聯合會種種機關。從前商界也是一點組織沒有的；所有的商人，不過仰官僚機關的商務總會底鼻息，現在如天津等處的商人有同業公會的組織，而上海等處商人有各馬路聯合會的組織。」[19]

五四之後，青年毛澤東也著文指出，辛亥革命只是留學生、會黨、新軍等所為，與「民眾的大多數毫沒關係」，還算不上是一種「民眾的聯合」。清末民初的各種學會、同

19 羅家倫：《一年來我們學生運動底成功失敗和將來應取的方針》，《新潮》一九二〇年五月一日第二卷第四期，頁八四六－八六一；《晨報》一九二〇年五月四日，第二版。

業會、同鄉會、校友會，是一種民眾的「小聯合」。而五四運動則產生了全國民眾「大聯合」的動向和趨勢。[20]

五四時期，最能體現「民眾大聯合」趨向的，是全國學生聯合會的成立。一九一九年六月十六日，在上海召開有二十一省代表參加的全國學生第一次代表大會，會上正式成立了「中華民國學生聯合會」。在此之前，北京、天津、上海、武漢、南京、杭州等大都市，先已成立了地域性的學生聯合會。在此之後，不僅省市一級相繼成立了學生聯合會，縣級學生聯合會和各校學生會亦紛紛成立。[21]全國學聯總會下屬有六十餘個分會，號稱全國有五十萬學生受其領導。[22]整個學生群體形成一個全國性、層級性、自上而下而又相互聯繫的組織網路。這在中國歷史上是前所未有的。過去只有官方的行政系統具有這樣的組織結構，而民間社會是不曾有的。李劍農在《中國近百年政治史》一書中指出：「我敢大膽的說一句——此時候已經有了長久歷史的國民黨的組織和黨員間的聯絡指揮，恐怕還不如這個新成立的全國學生聯合會組織的完密，運用的活潑、靈敏。」[23]

20 澤東：《民眾的大聯合》，《湘江評論》一九一九年七月二十一日至八月四日，第二—四號。引自中共中央文獻研究室等編：《毛澤東早期文稿》，長沙：湖南出版社一九九五年版，頁三三八—三四一、三七三—三七八、三八九—三九四。

21 中華民國學生聯合會總會執行委員會編：《學生會與學生聯合會》，編者印，一九二六年三月，頁一—三三。

22 引自翟作君、蔣志彥：《中國學生運動史》，上海：學林出版社一九九六年版，頁四八。

23 李劍農：《中國近百年政治史》，武漢大學出版社二〇〇六年版，第四六四頁。

「救國十人團」也是五四運動中湧現的新組織。據日本學者小野信爾研究，在五四運動期間，中國大中城市幾乎都成立了「十人團」的組織，其組織對象主要是學生以外的普通民眾，採取「小組織大聯合」的原則，以「一傳十，十傳百，百傳千，千傳萬」的組織方式，自下而上地聯合起來。正是這樣一種前所未有的組織模式，在五四時期一度產生了相當廣泛的影響，號稱是學生聯合會之外最有勢力的民眾團體。[24]

五四時期還有一個重要的新生社會組織，是上海各馬路商界總聯合會。清末以來，中國市民群體中組織得最好的是商人。[25]商人組織得最好的是上海總商會。在全國商會組織中上海總商會首屈一指。[26]五四時期，為了聲援學生運動，上海商人在原有總商會之外，又以街道為單元，成立各馬路商界聯合會，在此基礎上成立了各馬路商界總聯合會。[27]以城市街道為單元成立社會組織，在中國歷史上也是前所未有的。雖然同樣具有地緣性，但它有別於會館公所和同鄉團體。會館公所和同鄉團體一般以商人的籍貫所在地為組織取

24 此節有關救國十人團的描述，參考小野信爾《救國十人團運動研究》一書，殷敘彝、張允侯譯，北京：中央編譯出版社一九九四年版。
25 參見王冠華：《尋求正義：一九〇五－一九〇六年的抵制美貨運動》，南京：江蘇人民出版社一〇〇八年版，頁一六。
26 參見徐鼎新、錢小明：《上海總商會史》，上海社會科學出版社一九九一年版。
27 上海各馬路商界聯合會的組織，是在五四，尤其是六三運動以後陸續成立的。各馬路商界總聯合會於一九一九年十月二十六日正式成立。

向，其組織單元是省或縣。而馬路商界聯合會以商人的營業居所為取向，其組織單元是城市街道，[28]其組織優勢，在於將上海這樣一個散漫多元的商業性大都會，整合在一個嚴密有序的組織網路之中，具有相當強的組織動員潛力。

五卅運動，由政黨主導，組織動員力度空前高漲。中國共產黨聯合上海總工會、全國學生聯合會、上海學生聯合會和上海各馬路商界總聯合會四大團體，成立上海工商學聯合會作為領導五卅運動的總機關。參加工商學聯合會的四大團體中，總工會和學生團體都控制在中共黨人之手，因而實際掌握了工商學聯合會的領導權。中國共產黨通過它來組織、策劃、引導和控制五卅運動的發展。在五卅運動的頭兩個月裏，工商學聯合會幾乎取代了上海地方政府的權力。[29]五卅運動期間，上海總工會下屬的工會最多時超過一〇〇個，會員三十餘萬。[30]各馬路商界聯合會總會由中小商人組成，會員總數也在三十萬左右。另

28 上海各馬路商界聯合會的組成，有的由單條馬路的商店合組，如南京路商界聯合會、漢口路商界聯合會等；有的由數條馬路的商店合組，如新閘九路商界聯合會、滬北六路商界聯合會等；也有的是由一個區域的商店合組，如東北城商界聯合會、法租界商業聯合會等。參見李達嘉：《上海的中小商人組織——馬路商界聯合會》，《新史學》（臺北）第十九卷第三期，第五一－五二頁。

29 《五卅運動史料》第一卷，上海人民出版社一九八一年版，第一一九頁。

30 《五卅運動史料》第2卷，上海人民出版社一九八六年版，第五一六頁。

外，上海學生聯合會下屬的中等和高等學校學生會多達九十多個。[31]

中共透過四大團體分別領導工人、商人、學生三大組織系統，幾乎全上海的工人、學生、商人都受其直接領導和有效節制，整個上海的工廠、學校和街道商店都被動員起來。這樣的組織動員，在二十世紀上半期的中國是絕無僅有的一次。有論者指出，五卅運動中，「國人的各項工作（宣傳、罷工、抵制英貨和募捐），參加人數之多，地區之廣，歷時之久，都可謂空前；民眾情緒的激昂，工作執行的嚴密，亦是前所未有；而募捐款項之多，罷工、抵制英貨所得效果的豐碩，亦是史無前例，實可驚人。鴉片戰爭時三元里的反英運動，固不能與之同日而語，就是民國八年的五四運動，就反對帝國主義而言，其規模、效果也遠遜於此。謂之中國史上空前所未有，決不為過。」[32]

「五卅」初始，本是一樁近代史上常見的涉外慘案，結果卻引發為一場規模空前的全國性的反帝大風暴。五卅的影響，並不在慘案如何慘烈，而在運動的組織動員之成功。新型政黨的出現並積極參與組織領導，無疑是一九二〇年代中國民族主義運動日趨高漲的要因。

31 鄭文起：《論五卅運動前後上海學生運動的統一和分化》，《學術月刊》二〇〇〇年第三期。
32 李健民：《五卅慘案後的反英運動》，臺北：中央研究院近代史研究所專刊一九八六年版，頁二一三。

五、中心口號

三次集體行動中，中心口號的變化，亦值得關注。一九一五年反日運動的中心口號是「救國」、「勿忘國恥」；一九一九年五四運動的中心口號是「外爭主權，內除國賊」；一九二五年五卅運動的中心口號是「打倒帝國主義」、「廢除不平等條約」。

自義和團運動之後，中國政府和士紳精英均力圖消除中國人「野蠻排外」的形象。所以，即使在面臨「亡國」的危機之際，也不敢提出過激的口號。一九一五年反日運動中，各地對「國恥」的反應，多集中於對國民進行「雪恥」的宣傳教育，完全是從「自強」入手。全國各地成立的反日團體，其名稱多為「中華國民請願會」、「國事研究會」、「中華共濟會」、「國民對日同志會」等溫和的字眼。各大報章最常見的口號是「勿忘國恥」、「救國」。上海發起救國儲金活動時，中國銀行總行准上海各分行代收儲金，但要求將名稱由「救國」改為「愛國」，免生刺激。[33]所謂「免生刺激」當然是怕刺激日本。

33 參見羅志田：《救國抑救民？「二十一條」時期的反日運動與辛亥五四期間的社會思潮》，氏著《亂世潛流：民

此次反日運動的主要方式，一是儲金，一是排貨。儲金的目的，是準備用來強兵和振興民族工業。只有排貨直接針對日本。但因受日人壓迫，政府不得不禁止排貨，故各地排貨的口號，多是間接的「提倡國貨」而非直接的「抵制日貨」。

一九一九年五四運動，就相對激進得多，出現了燒屋、毆人等暴力方式，不過，暴力主要對內，對外仍儘量保持「文明」的形象。值得注意的是，五四的中心口號之一是「外爭主權，內除國賊」，[34]並非後來所演繹的「外抗強權，內除國賊」。「外爭主權」顯然不如「外抗強權」激烈。

一般而言，社會運動的口號越具體，越切合運動的實際目標，對民眾越具有號召力。依此，五卅的口號似不如五七和五四的口號具有動員力。其實不然。五卅起因於「亡人」，很難提出具體切實的口號。而中共五卅策略的高明之處，在將一個局部的地方性事件建構為全國性的大問題，將具體個案提升到一般性和普遍性的高度，將日本資本家和英國巡捕殺人，擴大為整個帝國主義的暴行，進而提出「打倒帝國主義」、「廢除不平等條約」的口號。五卅的這兩句口號，既是五四運動中「外爭主權，內除國賊」口號的延續，

族主義與民國政治》，頁六二－六八。

34 中國社會科學院近代史研究所編：《五四愛國運動》，中國社會科學出版社一九七九年版，頁一六九－四五四。

又是一種新的民族主義理念之昇華。

「帝國主義」與「列強」看似沒有多大差別，其實內涵迥然不同。甲午以後，中國希望象日本一樣躋身「列強」行列。那時的中國精英普遍信仰「物競天擇，適者生存」的社會達爾文主義，認為中國衰弱是因為自己不爭氣。「人必自侮而後人侮之，國必自伐而後人伐之」之類的自省式民族主義在當時的中國知識階層中頗為流行。[35]

但到一九二〇年代，自省式的民族主義很快為反帝的民族主義所取代。在中國，最早提出「打倒帝國主義」這一口號的，是中國共產黨。一九二四年五月十四日中共中央的報告談到：「我們政治的宣傳，自一九二三年起，即是打倒國際帝國主義及國內軍閥兩個口號。在一九二三與一九二四年間，『反對軍閥』已成了全國普遍的呼聲；到一九二三與一九二四年間，列強對華進攻日急，全國知識階級中進步分子，已採用『反抗帝國主義』的口號。」[36]

在中共的大力宣導下，僅一兩年時間，反帝國主義的口號便很快為知識精英，尤其是青年知識份子所接受。與清末民初自省性的民族主義不同的是，反帝國主義口號的魅力，在於它將中國的一切貧窮落後都歸咎於帝國主義，故而具有強大的政治號召力和民族主義煽動

35 陳志讓：《軍紳政權》，香港：三聯書店一九七九年版，頁九六—九七、一〇二。

36 《國民運動進行計畫決議案》，載《中國共產黨黨報》第一號，一九二三年十一月三〇日；《中央局報告（一九二四年五月十四日）》，載《中國共產黨黨報》第四號，一九二四年六月一日。

性。吳國楨在晚年回憶錄中談到：「那時將中國的災難全都歸罪於外國經濟和政治滲透的觀點，確實對年輕人幾乎有普遍的號召力，因此當共產黨創造出『帝國主義』這個詞時，他們確實掌握了進入年輕人頭腦的鑰匙（中國共產黨人對『帝國主義』這個詞有中國式的說法）。馬克思主義在打動年輕人方面，沒有多少影響，但『帝國主義』和『反帝國主義』則有。」[37]

惲代英指出：「五卅以前，中國還有好多人不知道為什麼要反對帝國主義，就是一般有知識的學生，也不十分明白反帝國主義的意義……但經過五卅運動以後，反帝國主義的空氣就普及於全國，大多數人都知道了。」[38]

當涉及反帝國主義的具體目標時，中共將火力集矢於「不平等條約」。與「帝國主義」一樣，「不平等條約」亦是當時的一個新詞語。不同的是，「帝國主義」是外來詞，而「不平等條約」則為中國人自創。此詞在十九世紀中國未見使用過。當時大多數中國人對根本改變中華帝國外交關係的條約制度所帶來的危害還沒有清醒和充分的認識，只有極少數人偶爾發表憂慮和抱怨言論。五四前後，因受巴黎和會的刺激和蘇俄發表放棄帝俄舊約宣言的啟示，中國民眾才真正開始認識到不平等條約對中國發展所產生的國際障礙，開

37 《從上海市長到臺灣省主席：吳國楨口述回憶》，上海人民出版社一九九九年版，頁二七四。
38 惲代英：《五卅運動》，載《五卅運動史料》第一卷，頁一五。

始使用「不平等條約」來表達對列強條約體系的不滿。不過當時人尚未將「不平等條約」作為一個賦有特定意義的固定片語，而且使用次數極少。[39]

中國共產黨首次將「廢除不平等條約」作為一個政治口號和政治主張提出。其後，中國國民黨起而回應。一九二三年六月中共三大通過的《黨綱草案》，內稱要「取消帝國主義的列強與中國所訂一切不平等的條約」。[40]次年一月，國民黨「一大」宣言，亦將取消一切「不平等條約」作為其對外政策的首要主張。[41]

中共自「二大」明確提出反對帝國主義的目標後，在每次反帝鬥爭中，均將鬥爭目標引向廢除不平等條約。中共將反帝作為國民革命的首要目標，又將廢約作為反帝的首要目

39 檢索五四時期刊物（光碟版）中「不平等條約」出現的次數，《每週評論》（一九一八年十二月—一九一九年八月）出現過二次；《新青年》（一九一五年九月—一九二六年七月）在一九二四年以前出現過一次；《少年中國》（一九一九年七月—一九二四年五月）和《新潮》（一九一九年一月—一九二二年三月）兩刊則未見使用。王棟在《二十世紀二〇年代「不平等條約」口號之檢討》一文（《史學月刊》二〇〇二年第五期）中認為，「不平等條約」一詞並非五四的直接產物，亦非共產黨的創造，推測「不平等條約」一詞是一九二四年進入中國語言，由孫中山首次使用。此一看法顯然不確。但王棟對「不平等條約」一詞的語言風格、內涵及其對喚醒二〇年代中國民眾的民族意識所具有的象徵、符號和媒介作用之分析，頗有啟發性。

40 《中國共產黨第三次代表大會檔》（一九二三年六月），中共中央檔案館編：《中共中央檔選集》（一），北京：中共中央黨校出版社一九八二年版，頁一一二。

41 中國第二歷史檔案館編：《中國國民黨第一、二次全國代表大會會議史料》（上），江蘇古籍出版社一九八六年版，頁八八。

標。[42]這樣一種政治主張的選擇，不僅對孫中山、國民黨，亦對同時期中國社會各階層民眾產生了直接影響。在一九二〇年代以後的二三十年間，沒有哪個口號能比「打倒帝國主義」和「廢除不平等條約」更能鑄造和催化中國民眾舉國一致的民族主義激情，也沒有哪一個語詞比「帝國主義」和「不平等條約」對西方列強更具譴責和抨擊力度。在一九二〇年代國共兩黨創造性的使用和強化宣導下，「帝國主義」和「不平等條約」作為非正義、侵略、壓迫和威脅的象徵符號，在潛移默化中被中國廣大民眾毫無保留地接受，從此成為中國人論說對外關係時不可或缺的，也是使用頻率最高的兩個關鍵字，不僅在中國各派政治家無數次的政治演說和各大政黨的意識形態宣傳中頻頻出現，也成為中國學術界研究近代中外關係時的主導理念和經典概念。[43]

無論一九一五年的「救國」、「勿忘國恥」，還是一九一九年的「內爭主權，內除國賊」，均是有具體目標的政治訴求，而一九二五年的「打倒帝國主義」明顯具有濃厚的革命意識形態色彩，也因此成為國民革命的奮鬥目標。

---

42 李育民：《中國共產黨早期反帝目標探析》，載《湖南師範大學社會科學學報》第三十一卷第一期，二〇〇二年一月。

43 二十世紀九〇年代開始，中國官方宣傳話語中，「帝國主義」一詞逐漸為「霸權主義」一詞取代。而學術界在研究近代中國政治和對外關係時則仍然使用「帝國主義」一詞。其間的變化頗堪玩味。

六、集體行動的物質基礎

三次集體行動中，一九一五年反日運動沒有工人參與。一九一九年的五四，上海工人罷工聲援，不過時間和規模有限。唯有一九二五年的五卅，數十萬罷工工人扮演了舉足輕重的角色。各地為援助五卅而發生的罷工多達一三五次，罷工工人總計約五十萬。[44] 數十萬工人的參與，使中國民族主義運動獲得了新的銳氣。

就實際運作而言，「三罷」鬥爭中，工人罷工最為艱難。商人罷市固然影響其營業，學生罷課也影響其學業，而工人罷工則直接影響其日常生計。工人平日工資微薄，難得積蓄，一旦罷工，生活即瀕於絕境。五卅運動期間，數十萬工人持續罷工數月之久，這在中國歷史上是前所未有的，在世界歷史上亦屬罕見。後來的史家很少注意到數十萬罷工工人靠什麼維持生活。而這一點對於罷工乃至整個運動的維持和開展，具有十分重要的意義。據當時估算，罷工工人每人每日最低貼補小洋二角，每月總計需要一〇〇—一二〇萬大

44 劉明遠、唐玉良主編：《中國工人運動史》第三卷，廣東人民出版社二〇〇二年版，第一三五頁。

洋，才能維持全上海罷工工人的基本生活。這一筆巨額資金從何而來？來自海內外捐款。五卅運動期間，國內外各方為支援上海工人罷工而募集的捐款，超過三〇〇萬大洋。[45]三〇〇萬大洋在當時是一個多大的數目呢？據稱一九二五年北京中央政府全年財政支出五九五萬大洋。也就是說，大約相當於中央政府全年經費開支的一半。捐款數目之大，捐款人數之多，在中國歷史上也是前所未有的。

但是，五卅捐款多集中在一九二五年六月份。七月份起，各界捐款漸少。罷工日久，各方捐款熱情逐漸冷卻，罷工工人救濟費的籌集日趨困難。籌款成為上海總工會在五卅運動後期的頭等工作。由於捐款不敷救濟，或因救濟費不能及時發放到罷工工人手中，生活面臨困境的工人難免對運動產生厭倦情緒。七月份以後，因各界捐款不足，工人索款不得而常發生騷亂事件。在內外情勢的壓迫下，中共中央不得不調整運動的目標和策略。七月底，上海罷工運動開始急速收束。

一九一五年反日運動中，曾在全國各地發起「救國儲金」活動。據統計，是次「救國儲金」總計收金超過八〇〇萬元。「救國儲金」的用途預計三項：一是造兵工廠，二是練軍建軍，三是振興國內工業。對這三大用途而言，八〇〇萬元不過杯水車薪，最後只好不

45 李健民：《五卅慘案後的反英運動》，頁一六四－一六八。

了了之，儲金允許自由取回，對整個運動的開展未能發揮切實的效果。[46]相比之下，五卅的三〇〇萬捐款在運動中成為至關重要的經濟基礎。

結語

五七、五四、五卅，危機雖然由強而弱，而集體行動的規模和聲勢則呈現上升趨勢。其間的因素，除了本文所分析者外，國際力量的介入與制約（如英國、美國、蘇俄）亦起到不可忽視的作用。因篇幅所限，留待另文探討。另外，近代以來，中國的民族覺醒與民族主義思潮的演進，有一明顯的「積累性」、「遞進性」特徵。一九一九年的五四運動，在很大程度上其實仍是對一九一五年「二十一條」的後續反應。「二十一條」的國恥，是中國人對日情感惡化的一個重要里程碑。其後，日本朝野對中國的每一負面舉動，都可能產生「疊加」效應，引發中國民眾的強烈反彈。

46 參見羅志田：《救國抑救民？「二十一條」時期的反日運動與辛亥五四期間的社會思潮》，氏著《亂世潛流：民族主義與民國政治》，頁六七－七四。

本文側重考察中國方面的回應，在一九一五－一九二五年間，有兩大社會變遷因素尤其值得關注：一是社會主導群體的轉型；一是新式革命政黨的出現。這兩大變遷是互相關聯的。三次集體行動的導因均與日本有關，而集體行動的反應機制卻明顯不同。首先是集體行動的主導力量在變化：從傳統士紳、城市商業精英，到新學生知識群體，再到新革命黨。其次是集體行動的方式在變化：從集會通電，示威遊行，經濟抵制，到訴諸暴力（火燒加拳頭），到大規模的「三罷」。再次是集體行動的中心口號在變化：從具體的較溫和的政治訴求，上升為激進的革命的意識形態。

五卅之後，集體行動進一步升級。如果說，五七、五四、五卅乃因具體的危機事件而動員的話，那麼五卅之後，動員不再需要民族危機個案的觸發。或者說，動員由民族危機動員轉入國民革命動員階段。一九二六－一九二七年間轟轟烈烈的兩湖農民運動以及上海、漢口等地的工人運動，均與「危機」無關。革命本身就是動員。革命的重心由對外轉向對內。從危機動員到革命動員，從單純的民族主義運動到反帝反軍閥的國民革命運動，兩者之間並無明顯的分界，卻有相當的連續性、相似性和可轉換性。

演講稿選

辛亥革命與中國的共和世紀

柯偉林

我非常榮幸，和大家討論一百年前發生的那段歷史和它的意義。在過去的一個月，在北京和臺北，海峽兩岸的領導人都在紀念辛亥革命一百周年。這場革命導致了中華民國和中華人民共和國的成立。今天我想談談上世紀發生的事情，以及我們可以從中學到的教訓。我特別想談談一九一一－二〇一一年近一個世紀中國的幾個共和政體，在中國的第一個共和世紀的終點，我們都想知道中國下一個世紀中國將會如何發展。

我們正處在中國第一個共和世紀的終點，也處於所謂的「中國世紀」的起點，很多人都在談「二十一世紀是中國的世紀」。從中國來的朋友，如果在北京到波士頓的任何一個機場書店停留，就很容易看到下面這些著作：《中國的崛起》、《中國的覺醒》、《龍的覺醒》、《當中國統治世界》。讓我們再回到一百年前，如果你去哈佛大學的圖書館，就會看到下面這些英文著作：《中國醒了》、《中國的覺醒》、《正在崛起的中國》、《孫中山與中國的覺醒》。我比較喜歡的一本書是《古老中國的新力量：不受歡迎但又無可避免的覺醒》等等。這也是美國學者比較容易著手中國研究的原因，所有這些書都寫於一百年前。

一百年前，中國在辛亥革命時正處於一個偉大世紀的邊緣。我們能從這場革命中得到哪些經驗呢？

在一八一一年，清王朝是世界上最強大和最富有的政府，但近百年後，隨著老謀深算的慈禧太后去世，這個王朝瀕臨倒閉。多年以前我擔任哈佛大學文理學院院長的時候，我辦公室外面掛著一幅來自哈佛福格藝術館的慈禧太后畫像。那時我們有幸接待中國總理溫家寶來訪。很多中國官員事先來跟我討論總理訪問事情，他們看到這幅畫像時總要問我「你為什麼要掛這個可怕的女人畫像」？我告訴他們，第一，如果她是一個男人，你們也許不會認為她有那麼可怕；第二，如果沒有她，就不會有當時的國家。她千方百計讓帝國保持大致完整，因此後面的人才能繼承這個國家。

慈禧太后一九〇八年死去，在皇宮玩耍的溥儀繼位。辛亥革命後誕生了中華民國，先是孫中山擔任臨時大總統，接著是袁世凱，這是亞洲歷史上的第一個共和國。這是一場重大的歷史性實驗。而且，這場實驗如此重要，連哈佛大學也捲入其中。中華民國大總統袁世凱向哈佛校長艾略特請教，如何為這個新的共和國制定一部現代憲法。艾略特推薦了他的密友、政治學家弗蘭克・古德諾，他在兩年之內草擬了兩部憲法，一部是為袁世凱做總統而制定，另一部是君主制憲法，如果袁世凱不是那麼早死去。這就是哈佛對中國民主的貢獻。

從那之後，我們都知道，中國政治都和軍人相關。中國的領導人如孫中山、袁世凱、蔣介石、彭德懷（一九三〇年代頗具國際名聲）、毛澤東等，他們都是同一類人，即國家領導人必然也是軍人，軍人化的現象持續至今。從一九二四年到現在，中國的第一號人物都是如此。蔣介石最大的頭銜不是總統，而是軍事委員會的委員長，這個職位才是最管用的。但是，我們回溯歷史，回到一九四五年，中國還是很強大的國家，二戰中日本無法打垮中國，稍後的朝鮮戰爭中美國也不能打垮。我的觀點是，中國目前的軍事力量，不僅是過去十年、二十年或三十年的積累，事實上他們已經積累很長一段時間了，中國目前的力量就是過去這個世紀中所形成的。

一個世紀以前，中國也處在第二種革命即商業革命的邊緣。這是中國資本主義的第一個黃金時代，經濟活動是從上海而不是從東京、香港向外擴展。上海是亞洲的商業中心，也成為中國第一批中產階級的誕生地。在一九三〇年代，上海是一座輝煌閃亮的大城市。但黃金時代的夢想很快就被中日戰爭、內戰、通貨膨脹、共產主義的第一個階段所打破，夢幻的世界成為冷戰的國度（紅與藍）。

一九七八年中國再度開放國門之後，人們開始追求更好的物質生活。正大集團是世界上最大的農業公司，一九七八年它回到大陸投資，為中國消費者改善了食品的供給和分配。二〇一〇年一月我去中國東北的亞布力參加第十屆中國企業家論壇，主題是「二〇〇〇－二〇一〇年中國經濟的黃金時代」，有很多世界知名企業家與會，並不全是中國人。該論壇領導人是陳東生，他發言時提到，他們繼承的遺產不僅是過去十年而是一百年的。他回顧了中國企業家的第一個黃金時代，即南京國民政府一九二七－一九三七年這十年，甚至更回溯到張謇這位偉大的企業家和學者。因此，我認為中國目前的企業家階層也是在過去一個世紀中形成的。

對海外中國人自一九七八年投資中國三十多年的歷史，我們已有所瞭解，但國內企業家的歷史還沒有很好地被書寫。魯冠球及萬向集團是我們哈佛商學院的一個研究案例。魯先生在大躍進時期想創辦一個企業，在文化大革命高潮時他也試圖開辦一個企業。他天生就是一個企業家，但不幸的是，他生活的時代是中國歷史上最不適宜創業的時代，但他從未放棄。他的萬向公司始於一九六九年，以修理拖拉機為業，到一九七九年逐漸成為一個國有企業，成為汽車製造廠。那時，他從未想過這會發展成為世界上最大的汽車市場。萬向集團的基地在杭州，在美國建立了總部，擁有二十家美國汽車廠商。萬向集團從一開始的社隊企業，到現在發展成為全球化的公司。當然它也有很深傳統的一個家族企業。我向魯先生請教他成功的秘訣，他說「感謝國家」。我又問他成功的真正秘訣，他告訴我：「只要有人類，就有中國人；只要有市場，你就會發現有浙江人，這是中國經濟發展的基因理論。」

辛亥革命第三個領域的影響是孫中山對中國基礎設施的規劃。人們記住孫中山很多事情，如三民主義。孫中山在臺灣更是人人皆知，因為他的頭像印在錢幣上。但在我看來，他最大的影響還是其《實業計畫》所展示的中國基礎建設。他計畫在中國建造數千里的公路、鐵路，建造三峽工程，製造汽車，而且售價不要太貴，讓每個中國人都擁有一輛，現在北京已經實現了這個計畫。我們正處在孫中山所稱的「技術專家治國」的時代。的確，沒有國家能像中國這樣把強勢的政府與工程師緊密結合。

我們今天所看到的中國，沒有實現孫中山的政治願景，但卻實現了他所設計的物質建設規劃。現在中國各地有發達的高速公路網和機場，三峽工程改變了華中和華西。幾年前我曾乘車走高速從吐魯番到烏魯木齊。在戈壁沙漠的中心，我想試一下手機能否打電話，我就給香港的朋友打過去，接聽效果相當滿意。

辛亥革命第四個方面的影響是文化教育。直到革命前，中國仍是用經典來教育來培養人才，而且這也確實讓中國很強大。在一〇六年前，清王朝舉行了最後一次科舉考試。之後，中國開始從傳統的經典教育到現代大學的轉變，創辦了清華大學和其他大學，在二十世紀前半期，創辦了了世界上最多樣化的高等教育。東南大學的體育館，後來成為中央大學的一部分，一九一九年杜威和羅素曾在此做過重要的演講。中國以德國柏林大學為模範，創辦了很多國立大學，如北京大學、上海交通大學，也設立了很多私立大學，如燕京大學、聖約翰大學、北京協和醫學院等，它們是當時世界上最好的大學之一。所有這些大學在一九五〇和一九六〇年代都消失了，但這些大學的傳統和輝煌仍被記憶，有助於我們理解中國高等教育的巨大變革。我的觀點是，在二十一世紀，如果二十一世紀是中國的世紀，對中國而言，沒有什麼比發展教育更重要。這是我在從做文理學院院長時就一直研究的問題。

中國大學重新開放後發生了天翻地覆的變化。幾年前我訪問重慶大學，看見寬敞、美麗的校園，甚至比哈佛還要漂亮，有山有水。上海的華東師範大學圖書館也很寬敞，比哈佛大學的魏德納圖書館還要大。現在中國大學的國際化也在快速發展，寧波大學看起來就像諾丁漢大學。西安外事學院曾是我在哈佛商學院關於私立大學的一個研究案例，校長黃藤擁有學校55%的股份。他在大連和蘇州創辦了分校，我上次見他時，他正在蒯州劍橋尋覓不動產。上海近郊的杜克－昆山大學是正在建設中的一個中外合作大學，類似民國時期的燕京大學。目前這些大學都處於頗有意義的實驗階段，但我認為這對美國大學是一個挑戰。美國大學目前在世界上有很好的聲譽，尤其是哈佛，越是離蒯州劍橋遠的地方，哈佛的名聲就越大。我在哈佛做院長時，我並不留意大學的各類國際排名，如上海交通大學、泰晤士報等製作的排名，只要哈佛大學排名第一即可。但事實上，如果回到一九一一年，類似上海交通大學製作的大學排名，哈佛未必就是第一，甚至也不是前十名，能在前二十名就算好運氣了。那時最好的前十名大學會有八所都在德國，另外兩所大學在英國。今天，根據上海交通大學的排名，全球前五十名大學沒有一所在德國。當然，德國人不會同意，但這的確反映了世界的變化。

讓我們來看辛亥革命第五個方面的影響，即政治。我們可以說，中華民國在捍衛領土主權、發展經濟、教育方面都取得很大成功。但是，我們如何來評價它的政治作為？這曾經是一個共和的世紀，主張中國共和的世紀，也是中國作為民族國家的世紀。我們必須記住中國是一個世界上持續時間最長的古老文明，但中國同時也是一個年輕的國家，直到一九一二年才成為一個政治實體。中國作為一個共和國，其形成的過程不像美國宣佈獨立即可，而是由一系列的獨立來完成的。這是一個有著一面新旗幟、新日曆、一位國父的共和國。

孫中山早些時候曾主張人人享有平等權利，總統和議會都應由全體國民公開選舉，憲法應由每一位國民參與制定並遵守。現在來看，中國在過去一個世紀的共和實踐自然並不讓人滿意，但在共和國的第一個階段，曾有一次規模最大、最公平的選舉，有四〇〇〇萬登記選民，占全體男性公民的25%，新聞媒體有自由且公開的報導，這為以後培養了共和國的公民。

中國的共和有很多挫折。人們在中華民國早期都有這樣的信念：只有制定一部合適的憲法，就會產生一個良好的共和政府。但如胡適所觀察到的，最有力的支持憲法者往往是遠離政權的人，而不是掌權者。共和政體的憲法從北洋時期開始，經過國民政府時期，一直到今天，他們的目的都是要阻止反對派掌握權力。

孫中山一九二五年去世後留下一黨治國的原則，這就意味著國民黨統治下的中國並不像是一九一二－一九一三年那個短命的議會制共和國，也不是袁世凱時期的總統制共和國，而是一黨專制的國家。國民黨一九四九年被趕出大陸，又被另外一個黨國所替代。的確，共產黨繼續並加強了一黨治國的政治文化。

國民黨和共產黨都是蘇聯的學生，共產黨喜歡學習史達林的做法。這有助於解釋二十世紀中國持續的領袖崇拜問題。黨國體制總強調領袖。孫中山要求屬下對他效忠，最遲從一九〇四年他開始被稱為「總理」，蔣介石被稱為「總裁」，毛澤東被稱為「主席」。中華人民共和國的前二十六年，毛澤東是一個中心人物，被稱為「偉大的領袖」，超越歷朝歷代。對中華人民共和國政治體制的研究都不能忽略毛澤東的統治地位。在那段時期裏，即使是那群身經百戰的革命領導人，也都認為中國共產黨如果沒有毛澤東的領導，那是不可想像的。毛澤東的領袖地位被載入憲法。一九七六年他去世之後，中國共產黨雖然承認他有錯誤，但共產黨統治的合法性與毛澤東個人緊密相關，即使在三十五年之後，仍不可能對毛錯誤領導而產生的災難進行嚴肅的研究。

可以拿臺灣與大陸做一個比較。蔣介石的專制獨裁直到一九七五年去世為止。蔣經國雖然也是蘇聯訓練出來的，他卻把臺灣推向了更加開放的政治體制，而他父親只是說說而已。一九八〇年代中期，國民黨開放黨禁，讓臺灣走向了民主之路，雖然當時的做法也還有讓國民黨繼續執政的意圖。但國民黨在二〇〇〇年的選舉中失敗，這讓他們感到震驚。在二十世紀後半期，海峽兩岸的兩個黨國最基本的區別是，國民黨的政治統治有更多的限制。

我們從這些歷史中可以得到什麼教訓呢？對個人領袖的強調反映出黨國體制的一些弱點。執政黨無法與民眾精英合作，建立一個持久、自我複製系統的政府。誠然，在臺灣即使政黨訓政末期，甚至在民主化以後，黨國體制的一些習慣仍很難改掉。在民主改革十年後的李登輝時期，國民黨中央執行委員會仍在每週三開會，為每週四的政府內閣制定工作日程。

臺灣的二〇〇〇年和二〇〇八年選舉也許為大陸以及海峽對岸的兄弟黨提供一些經驗。國民黨為輸掉二〇〇〇年選舉感到屈辱，但通過選舉程式，國民黨仍有可能和平地奪回政權，正如四年前，在我們的哈佛校友馬英九的領導下，國民黨再次執政。

未來會如何？作為一個歷史學家，當然沒有責任去預測未來。但在中國第一個共和世紀快要結束的時候，開啟中國共和未來的關鍵問題仍懸而未決，這還是一九一一年的問題：什麼樣的政治體制可以永久地替代古老帝國？中國的共和政府在很多方面都是很成功的：捍衛領土和主權，改善經濟發展企業，建造基礎設施，投資教育等。但問題是，下一個世紀應如何回應上一世紀的挑戰：如何建造一個民國？我不知道答案。但我又似乎知道答案，特別是我聽了溫家寶總理在哈佛及中國的講演，以及胡錦濤主席在清華大學一百周年的講演，他提到有必要回到一個世紀前創辦清華園時的通識（自由）教育理想（liberal idea）。我的確希望如此。

二十一世紀是中國的世紀嗎？也許不是。以前曾有很多中國的世紀，我確信以後還會有很多中國世紀。我希望二十一世紀不僅是中國的，也是世界所有人的，大家一起來分享經驗和共同的問題。我想這也許是中國在軍事、商業、工程、教育等領域取得非凡成就的世紀，中國和她的夥伴一定會興旺發達。

中國的政治家如果能傾聽民國最初的理念，中國不僅有能力讓這個世界繁榮，而且能領導這個世界。我希望中國下一代領導人在這個世紀能實現孫中山一九一一年的承諾，即創造一個民有、民治和民享的政府。正如孫中山所指的「天下」是為所有人，不僅是你，是服務所有人，這才是「天下為公」的真正含義。

劉家峰／譯　周言／校

辛亥革命研究中的意識形態陷阱

袁偉時

女士們先生們，非常高興來到這裏跟大家交換跟辛亥革命的意見。辛亥革命我說了很多，寫了很多，在我的博客上都有記錄，大致上有十多次，加起來十多萬字了。在這裏我還要講什麼？那我已經提供了兩個文字稿件，我問過大會的有關組織者，這些文字稿件會陸續地提供給今天參加會議的朋友們。所以我想，是不是就有一些問題文字稿件上有的，我就可以簡單提一下，有些問題就帶過去了。

我特別想提醒的就是有那麼三篇東西，一個呢就是談辛亥革命為什麼會爆發，這篇文章發表在《炎黃春秋》今年的九月號上，那就叫做《大清帝國的兩道催命符》，這個是一個，第二個呢，是今年有三個刊物發表過的，第二個雜誌找到我，我都告訴他有發表過，但是那個刊物就說我還要發，因為第一個發的裏面有刪節。那篇文章叫做《袁世凱與國民黨：兩極合力摧毀了民初的憲政》，這個是第二篇。第三篇就是陽光衛視的一個採訪，就說《誰摧毀了辛亥革命》。那那三篇裏面牽涉了很多問題，有些跟今天的有關係的，我今天的講稿裏面，原來是準備四個問題的。一個是關於北洋政府，第二個是關於神話孫中山，第三是被掩蓋的國民黨一些錯誤，第四個呢是在幾個階級之間，有些是神話他了，有些是貶低了。我想第四個問題我基本上就不講了。

今天想跟大家交換意見的是這樣，為什麼還要講辛亥革命的意識形態陷阱？其實呢，改革開放以來，中國歷史在發展，它的發展就是不斷的擺脫意識形態的束縛。特別是最近一二十年來，很多中青年學者崛起，他們的成果都是突破意識形態的結晶。比如茅海建先生的《天朝的崩潰》，下面很多在座的中青年學者，他們都是在這方面做出很傑出的成就。即便如此，我感覺到還有必要再深入一步去思考，這個思考的根源就在這個地方。，剛才主持者就說到這樣一個問題，法國大革命以來，每一次的大的社會變動都有相應學術成果，我中國的這一次的大革命，二十世紀的不斷的革命，到現在我們沒有相應的更大的影響世界的學術成果。這個成果寄託還在中青年一代的身上，更寄託在現在的八零後、九零後你們在座的這些年輕人身上。我是冒稱八零，但是來日無多，所以我的責任只是給大家敲邊鼓，給大家鼓掌，那我就要將有些問題尖銳地提出來，希望你們能夠去回答。

那我要提出的第一個問題，就是觀察中國問題根本出發點在哪裡？我說意識形態陷阱是什麼意思？要拋開革命史觀。中國人的那個思維方式經過一百年來的反復的磨練，馬上就有人就說你反對革命。我說不對，根本不是那麼回事兒，你根本不瞭解我要說什麼。我要說的就是什麼呢，不要相信片面的革命觀，因為它歪曲了歷史。我們首先要觀察中國的問題就是這樣。二十世紀一個任何人都要面對的問題，中國人繼十九世紀非正常死亡一億多人以後，二十世紀繼續有一億多人非正常死亡，而這個非正常死亡的主要是我們中國人自己摧殘自己。抗日戰爭犧牲的兩千多萬人，南京大屠殺中國人說三十萬，但是其他還有七八千萬是中國人自己摧殘自己。原因在哪裡？我想這個一個關鍵就是對整個世界文明不瞭解。我們觀察中國問題，要以世界人民已經達到的高度來觀照，要是提高到史觀的話，就是要樹立文明史觀。你沒有這樣一個高度，你那個意識形態陷阱是沒有辦法擺脫的。

那這個文明史觀我想對二十世紀來講有幾個很重大的標誌性的東西，第一個，民主自由已經發展到一個新階段。民主已經從貴族民主、少數人民民主發展到大眾民主的階段，第一個階段是在二十世紀二零年代完成的，第二自由那就是以第二次世界大戰以後的一九四八年的《世界人權宣言》為標誌，然後具體化為一九六六年的兩個聯合國人權公約。這兩個人權公約都是由中國政府簽了字的，所以我們講的都是中國政府原則上承認的東西，那這個是另外一個標誌。第三個標誌是什麼呢？第二次世界大戰結束以後，這個前後誕生了一個思想上很重要的一個成果，社會主義跟資本主義界限已經泯滅融合了，社會主義跟資本主義融合了。它的標誌是什麼？就是羅斯福講的四大自由，他的四大自由繼承了文藝復興以來的人類的思想成果，也總結了希特勒的國家社會主義、列寧史達林的專政社會主義那個教訓。四大自由是什麼，我想就不用講了，那這個是第三個很重要的標誌。第四個就是七十一年的蘇聯史，它提供一個反面的觀照。你離開這四件事，你來討論中國問題是很難的。你就跳不出意識形態的束縛。所以呢，我們講要跳出意識形態束縛，就是樹立文明史觀，跳出片面的革命史觀，這個是我想講的第一個問題。

我想講的第二個問題，這個革命史觀呢它一個很重要的，它就要製造革命敵人。為什麼中國死那麼多人，不正常死亡那麼多人，都是自己製造出大批的革命敵人，人為的製造革命敵人。那第一個製造的是什麼呢？將北洋時期妖魔化，將北洋政府說成是革命對象，是不是？我們所受的教育都說是！其實認真研究歷史，你就會發現，這一個時期的政府他有很多錯誤很多缺點，但是他是跟一切國家的政府一樣，他是正在成長的一個制度。沒有一個國家的制度是能夠一步完善的。英國革命他經過三十八年才有光榮革命，才有人權法案。那我們呢？我們能夠要求辛亥革命後那麼十多年內就有一個很完善的政府，這不可能的。而辛亥革命的一個主要收穫，就是建立了三權分立的政治體制。在我看來，辛亥革命是有三個成果，除掉這個以外，第二個成果就是實現了人的自由。第三個成果，就在思想文化領域、道德領域衝破了，因為皇帝推倒了，那就引起意識形態領域、思想文化領域的大變革，這三個成果。那這三個成果裏面，作為制度上政治上的一個成果，三權分立的政治體制建立起來。那這個建立起來之後你能要求他在短短十多年內就完善嗎？這是不可能的，但是，我們往往就這樣苛刻去對待他。

再回過頭來看，整個北洋時期，從一九一二年到一九二六年，他都是在堅持或者在挽救三權分立的體制。一九二六年段祺瑞下臺以後，張作霖一入關他就拋棄三權分立體制，他自己任大元帥，成立軍政府，那這個就中斷了。後來二七年以後，國民黨建立了全國政權，那個是黨國體制，那歷史就進入另外一個階段。那前面那一段是這樣的。我們說他是帝國主義的走狗，各種各樣有很多具體的事項，比如西洋借款，西洋借款是賣國嗎？三零年代王芸生在九一八事變那種民族情緒最高漲的年代，他編寫的《六十年來中國和日本之關係》，裏面就很公正地講，西洋這一塊，其實條件是最優惠的，沒有回扣、沒有折扣、沒有抵押等等。至於說袁世凱二十一條是不是賣國，史學已經研究得很透了，王芸生的著作也說的很清楚，我想就不需要講了。究竟北洋做了什麼，這裏面就要尊重已有的學術成果。已有的學術成果，臺灣的唐啟華教授，還有中國大陸的其他一些學者的研究就證明，華盛頓九國會議以後，中國的外交是起了劃時代的變化。這變化在哪裡？劃分勢力範圍的時代過去了。北洋政府開啟了收回主權的新階段。他有很多失誤，但是山東問題、青島問題他解決了，關稅自主問題基本上已經談好了，司法問題正在調查也正處在解決的階段，只有治外法權問題。就是說整個的態勢，很多問題他已經收回來了，他不是喪權賣國的一個時期，而是收回主權那樣一個階段。我們承認不承認這樣一個學術研究成果，我們一些人的水準還達不到三零年代那個研究水準。那這個詳細論證不講，有好多文章好多成果，那這就是我想講的第二個問題。

我想講的第三個問題，也是今天著重講的問題。就是說，在過去意識形態的束縛下面，從國民黨建立黨國體制開始，就有意識在神化他自己。利用政權的力量來美化自己，醜化他的反對者。北洋為什麼就一直被認為是應該被打倒的政府，那就是因為國民黨，國民政府他就是有意識地在做這方面工作。但是反過來，他對自己，就是從孫中山開始，他的領袖孫中山到他自己的其他執政者，他就加以美化。所以呢，就要著重講一講，孫中山和國民政府他究竟是怎麼樣。我想到現在，我們對孫中山還是美化神化的，這方面情況很嚴重。為什麼要破除迷信，對孫中山和國民黨的一些迷信，假如你不去澄清這些歷史事實，將來可能犯同樣的或者類似的錯誤，不能從歷史事實裏面吸取應有的教訓。

首先從孫中山講起，他的貢獻是唯一的，他是革命領袖，他提出了革命理論，在革命過程裏面他是一面旗幟，他主要功勞在籌款。根據有關學者的研究，他一共籌集的經費是五十八萬多元，那這些很顯然他跟康有為那些相比，差得很遠，康有為是募集資金以後自己享受，化公為私非常厲害，孫中山是清廉的。中華民國建立以後，把他視為革命領袖，受到尊重，是完全正確的。但是另外一方面，國民黨把他吹捧為國父，那個就神化某一個人。美國也講國父，但是他講建國眾父，是一群人，幾個人，一群建國有功勞的人。但是，國民黨在一九三九年通過決議說孫中山應該是國父，也寫應該把他的著作就視為憲法，我認為這個是荒唐透頂的。辛亥革命是三種力量共同努力的結果，有一大批革命領袖在努力，不能歸諸於孫中山一個人，這是一個。

另外我們要正視辛亥革命建立了中華民國以後，孫中山所做的很多東西都是錯誤的，大家對這些錯誤，很多人到現在還在歌頌。首先他一建立了民國以後，指定臨時約法就是極大的錯誤，臨時約法為什麼有錯？從程式上來講它就是錯的。孫中山當上臨時大總統，他是根據中央政府主治法，它是實行總統制。然後呢，在民國元年，清廷下令退位，然後選袁世凱做總統，第二任臨時大總統。就在這個時候前後，就匆匆忙忙地制定臨時約法。意圖在哪裡？就是想將袁世凱變為失位的元首，將實際的權力掌握在內閣手上。國民黨要將戰場上打不過的取不回來的東西，在談判桌上得不到的東西，通過制定一個律法奪回來。奪回來他那個志向是什麼呢？本身當時的臨時參議院是由各省的都督指派的代表組成的，一共三十六個人，當制定臨時約法通過的時候，最後那個會議只有二十六個人參加。

為什麼不等待國會選舉正式產生國會的時候再來制定憲法，他就是想將袁世凱的手腳束縛起來，甚至產生好多計畫想暗殺很多人，包括國民黨本身的人，或者國民黨認為是敵人的人，包括張繼密謀暗殺袁世凱。那這個從程式上來講呢還有一個問題，這個立法它本身制定以後，當時當上總統的袁世凱，居然不是由袁世凱來簽署，由孫中山，已經下臺的總統來簽署發佈，只是沒有參議院說他應該繼續執政。那這個程式上是在世界歷史上罕見的這樣一個檔，那從內容上來講呢，他這個檔將總統制改為內閣制以後，又不是符合現代政治學要求的內閣制，甚至試圖沒有解散議會的權力，議會也沒有投票通過內閣新議案的權力，沒有指定公民自由的保障權，也沒有憲法解釋權，咱們要違憲審查，這些統統都沒有。那樣實踐的結果就有帶來兩個大問題。第一個議員全面腐化，那些議員，各種各樣的作為都有，都是很腐敗的，各種各樣的費用啊，各種各樣的收買啊，政府的收買啊等等都有。最高表現就是賄選曹錕，賄選曹錕就是國民黨革命派控制下的這些議員幹的事。那這個事實證明是很荒唐的，從程式到內容都很荒唐，明顯實踐證明就是說，民國初年在國民黨統治全國以前，整個政治混亂的根源就在臨時約法。

那這個我們過去不講，第二個，國民黨孫中山發動三次戰爭都是錯誤的。首先就是所謂那個二次革命，宋教仁案現在研究的成果證明不是袁世凱指示的，那趙秉鈞有很大懷疑，就當時的國務總理有很大懷疑，在這方面有起作用。但是另外一方面，陳其美在上海他也起了很大作用。在我看來，兩條線結合造成這個暗殺宋教仁。那暗殺宋教仁應該通過司法系統來解決，是當時的共識，從輿論上各個方面都認為應該通過這個試圖來解決，孫中山就不聽，一些國民黨內部也一再反對，說現在的力量對比下發動戰爭是不對的，沒有辦法取勝的。但是呢他就堅持要發動，而且說要是師長不指揮你下面就起來幹掉他。那這樣發動戰爭以後一個多月，全軍覆沒。那就造成袁世凱抓住把柄說你反叛，取消國民黨議員的資格，國會停止運轉，為他以後稱帝掃清道路。這是第一個錯誤，第二個護法戰爭。所謂護法戰爭，也就算維護臨時約法，它本身幹了很多壞事，那這個我有詳細論證，今天也不想講了。第三個呢，北伐戰爭。北伐戰爭，當時正在重構升起的聯省自治運動處在成敗的關鍵時刻，在蘇聯的支持下，孫中山就是要武力統治全國，那這個結果是怎麼樣，結果就是建成國民黨的黨國體制。

還有一點，所有摧毀辛亥革命成果的措施都是從廣州開始的。孫中山在廣州建立大元帥府以後，當然要採取各種各樣的措施改組國民黨，他在這裏面幹什麼呢？禁止言論自由。那這個是辛亥革命的最大成果，連國民黨的機關報，廣東國民日報也不例外，一樣受摧殘。我文章上舉了例子，除掉這個以外，三權分立的體制也摧毀。一九二四年一月，孫中山就下令撤掉大理院院長趙仕北的職務，所謂大理院就是廣州政府的最高法院。為什麼要撤掉他的職務？說他堅持司法獨立，跟黨化思想不相符，那這個又給摧毀了。人口教育呢，搞黨化教育，把廣東大學（就是現在的中山大學）和黃埔軍校說成是文武兩學堂，是他的功績。在國民黨內部也是這樣，凡是反對他的，開除。那樣一個體制然後呢推廣到全國，為什麼孫中山會幹出這些事兒？你在神化的情況下說他多麼偉大，但是認真研究他的思想那就有問題了。從他上書李鴻章開始，他的思想都沒有達到時代應有的高度。看他上李鴻章書，跟當時的先進思想比較起來，差一大截。比如跟鄭觀應的《盛世危言》比較，趕不上那個水準。然後他建立同盟會開始，就有「我就是黨，我就是國家」那樣一個思想。當黃興等人對他提出意見，在同盟會時期，都是很具體的意見，他就說別提了，同盟會解散了。為什麼解散，他說我是同盟會總理，我籌來的款應該咱們用，不應該受到你們的牽制。這樣就要說要解散，當然後面沒有成為事實。但是就是說看出「我就是黨」。那到後來呢，到組成中華革命黨年代，一九一四年要宣誓忠於他，這個大家都知道，更荒唐的他就是說那樣一個小團體，就決定非中華革命黨員在革命時期不享有公民權利。一個小組織，你有什麼權力把四億中國人排除在公民以外，你不能享受中國公民的權利，荒唐透頂。這個就是什麼呢，受蘇聯影響以前的事兒，他就是參加過幫派，他有很多幫派的朋友，他參加過洪幫，當過洪棍。那樣一個中國傳統觀的思想，到國民黨改組以後，在黨章裏面居然寫上總理（就是孫中山）對中央執行委員會的決議有最後決定權，他不同意可以推翻。他對現代政黨不瞭解，對現代政治也不瞭解。

最近有一個學術成果很值得重視，就是澳大利亞一個學者黃宇和教授寫了一部書，《三十歲前的孫中山》，裏面有一段話結論我在文章中引了，他就說他心目中的政府是什麼樣政府呢？就是香港的那種總督治理下的總督管理一切，所以立法會議、司法等等都是輔助性的，沒有什麼三權分立的概念。在孫中山的腦袋裏面就是這樣，他根本就不懂現代政治是要三權分立、互相制約的。這個從臨時政府一成立就開始顯示出來，當談論是實行總統制還是內閣制的時候，孫中山堅決反對實行內閣制，就是臨時政府剛成立的時候，他為什麼呢？他說我們自己當總統，為什麼要牽制他。說這個話是很幼稚的，真的很幼稚，但是他就是這樣想的。那當參議院通過決議說應該定都在北京，孫中山和黃興非常不滿意，就跟那些議員講你趕快給我改正過來，那那些議員就講行啊，按照規定，你總統不同意，你孫中山不同意，你寫諮文來，我們再議。黃興就說別那麼囉嗦，你明天上午給我改正過來，不改正過來我要派兵將同盟會那些議員綁起來，當時的革命領袖就是那樣一個認識水準。當傳統的那種專制思想，在蘇聯的專政社會主義影響下，那他就結束了，就成了後來的黨國體制。就是你說還要神化這樣一個領袖，要批評他的錯誤，有沒有道理？那這個是我要講的孫中山那個，那國民黨在這個過程裏面也做了一系列的錯事，那時間關係我就大約就想講這些，我想關鍵提出這些問題好像挑戰性很大，跟過去我們念的歷史都不一樣，這個挑戰有沒有意義，有沒有道理，那請大家批評。

辛亥革命百年回首

馮天瑜

諸位同仁：

在辛亥革命一百周年之際，回首反顧，我們由衷地感佩這場革命的偉績豐功，同時也因其留下的未竟之業而深覺後繼者責任的重大。

一、「革命」古今義

作為一個古典漢字詞，「革命」的本義是革除前朝天命。近代以來，「革命」有了多重引伸義，但我們今日討論辛亥革命的價值與歷史定位，仍然不能拋開「革命」的本義。

並非所有國家的主流文化都肯認以暴力更替舊政權的革命，例如日本，雖然接受了中國文化的不少理念，卻拒絕革命，因為日本天皇制「萬世一系」，不容革除。在西歐中世紀各國，革命（revolution）指叛亂，長期作貶義詞使用，十六世紀以後才逐漸變為中性詞，啟蒙運動及法國大革命時期進而成為有限度的褒義詞。而在中國文化系統，「革命」很早就賦予正面價值，如《易傳》所謂「湯武革命，順乎天而應乎人」，這是為改朝換代、變革前朝弊端作論證。當然，在一個朝代統治權穩定後，又避諱革命，如漢景帝時博士轅固生與道家黃生在朝廷辯論湯武革命的合法性，景帝趕緊叫停曰：「食肉不食馬肝，不為不知味；言學者無言湯武受命，不為愚。」（《史記・儒林列傳第六十一》）可見，「革命」在中國傳統語境裏具有褒義，卻又決不可泛用。

二十世紀上半葉的中國是革命大行其道的時代。革命家言革命的不勝枚舉，即以曾經批評革命的梁任公先生，辛亥後也肯認革命，他一九二一年撰〈辛亥革命之意義與十年雙十節之樂觀〉一文，對史上之革命作了頗具歷史主義眼光的評議，梁先生說：

> 中國歷史上有意義的革命，只有三回：第一回是周朝的革命，打破黃帝、堯、舜以來部落政治的局面；第二回是漢朝的革命，打破三代以來貴族政治的局面；第三回就是我們今天所紀念的辛亥革命了。

我們稍加引伸，「周朝的革命，打破黃帝、堯、舜以來部落政治的局面」，是指結束氏族—部落制，進入宗法封建制的革命。而「漢朝的革命，打破三代以來貴族政治的局面」，是指秦漢結束宗法封建的貴族政治，確立宗法君主專制之下的官僚政治，而此後兩千年間發生的多次「革命」，導致改朝換代、政策調整，卻未能改變農業宗法社會、專制帝制的基本面，而辛亥革命的明確目標，是結束近古以降已成歷史阻力的專制皇權，建立民主共和，從而導致國體、政體變更，社會形態興革。辛亥革命雖然存在種種缺憾，然其在「革故」與「鼎新」兩方面，都作出了首創性貢獻，吾土吾民至今受其賜。

二、辛亥革命與清末新政

辛亥革命區別於歷史上多次發生的農民起義和貴族奪權，是因為養成這場革命的土壤已發生變化：不再是宗法的、自然經濟的農村，而是機器工業、近代交通、近代傳媒、近代學堂和近代軍隊初步成長的城市。費正清編《劍橋中國晚清史》提出一個值得注意的論點：

> 最好是把辛亥革命理解為二十世紀社會革命中的一九〇〇—一九一三年階段，不應僅僅看做是整個政治變化的一九一一—一九一二年階段。其次，根據這種廣義的概念，革命者的重要性遠遠不是象舊說法所認為的那樣。

主張將辛亥革命史追溯到一九〇〇年以來（約為清末新政時期）發生的社會變化，此說有理，但還應當擴大視野。

法國年鑒學派第二代的代表學者布羅代爾（Fernand Braudel 1902—1985）提出歷史研究「時段」理論，即區分地理時間（長時段）、社會時間（中時段）、個體時間（短時段），又將三者分別稱為「結構」（structures）、「局勢」（conjunctures）和「事件」（evenements）。主張重視地理時間（「結構」）、社會時間（「局勢」）對歷史進程的深遠影響，個體時間（「事件」）為結構與局勢所左右。而傳統史學較多注目於「個體時間」，主要用力於重大政治事件、外交活動、軍事征戰等「短時段」事變的研究，這顯然是有缺欠的。今日我們探討辛亥革命，必須超越狹隘的政治史觀，將視野投射到近代社會轉型全貌，從結構、局勢、事件的辯證關係探索這一歷史事變的生成機制。這樣，清末新政就納入辛亥革命史理當觀照的範圍，而且，不應當把清末新政全然看作辛亥革命的對立面，如某些論者那樣或者一味褒揚革命、貶低新政，或者一味褒揚新政、貶低革命。

考察辛亥首義，當然需要細緻入微地梳理一九一一－一九一二年間發生的「短時段」劇變，但還須追究其背後的「中時段」社會結構造成的久遠影響，考察十九世紀六〇年代漢口「開埠」以來，尤其是考察一八八九年張之洞（一八三七－一九〇九）總督兩湖、主持「湖北新政」以來二十年間的社會變動，考察興實業、辦文教、練新軍等諸多近代化事業造成的經濟、社會及觀念形態的深刻演化，辨析辛亥首義史的啟承轉合。

如果說，湖北及武漢實現文明的近代轉換，十九世紀六〇年代發端的「漢口開埠」是第一契機，那麼，十九世紀末、二十世紀初展開的「湖北新政」，則是第二契機。「新政」，一般指對政治、經濟、軍事、社會等方面進行革新的運動，多指由政府啟動的自上而下的變革，常被論及的有「同治新政」、「清末新政」、「羅斯福新政」等。

「清末新政」指庚子國變以後，清王朝為拯救危亡實行的一次革新努力，開端於一九〇一年一月二十九日慈禧太后以光緒皇帝名義下詔變法，一九〇一－一九〇五年間又頒佈一列「新政」上諭，主要內容有：（一）裁汰制兵防勇，設練兵處，編練新軍；（二）設立商部，振興商務，獎勵實業；（三）廢除科舉，設立學堂，獎勵留學；（四）改革官制，設外務部，整頓吏治。清末新政的朝中主持是慈禧太后和慶親王奕劻，實際操辦的封疆大吏為劉坤一、張之洞、袁世凱等。兩江總督劉坤一與湖廣總督張之洞遵旨於一九〇一年五－六月聯銜會奏的「江楚三督變法三疏」（出自張之洞手筆），是清末新政的綱領。

劉坤一一九〇二年去世，清末新政參預最深的是張之洞與袁世凱。

清末新政上承一八六〇年以來的洋務運動諸舉措，又汲納一八九八年戊戌變法的某些政改內容，運行於一九〇一－一九一一年間，要者為推進經濟自由發展，啟動現代社會運作架構的建立，其程度皆屬有限，但仍然是中國早期現代化進程的一個重要階段。

至於「湖北新政」，可視為清末新政的一個重要組成部分，但時段上跨洋務運動晚期，延及清末新政全程，指張之洞督鄂（一八八九－一九〇七）及之後幾年，共約二十餘年（一八八九－一九一一）。此間，修鐵路、建工廠、練新軍、辦學堂，湖北武漢形成聳動中外視聽的格局。

「效西法圖富強」的「湖北新政」，規模較闊大、影響力較深廣，其直接後果，便是為辛亥首義爆發準備了人才的、物質的前提。

張之洞主持的「湖北新政」所涉甚廣。一九〇九年張之洞辭世，時任蒙古副都統的吳祿貞奏請於湖北省城捐建專祠，奏文中將張氏在鄂業績概括為「學政」、「軍政」、「實業」三方面。立憲派人士論及時務，也說：「今日大政，以理財、練兵、興學為最急」。故以興實業、練新軍、辦文教三者概括「湖北新政」的主要內容，既符合新政運作的實際，也與當時朝野的表述相一致，而且恰恰是這三方面的近代文明積澱，為辛亥首義奠定了基礎。

辛亥首義是一次從新學堂走出來的知識份子「投筆從戎」，在近代城市軍營發動的新軍起義。而「近代城市」、「新學堂」與「新軍」正是張之洞主持的「湖北新政」的產物。孫中山辭去民國臨時大總統後，於一九一二年四月來武漢訪察，睹物晤人，發現正是直隸南皮人張之洞主持的湖北新政，為辛亥首義奠定了物質基礎、準備了人材條件，故孫氏由衷感慨：

以南皮造成楚材，顛覆滿祚，可謂為不言革命之大革命家。

可見，孫中山並沒有把辛亥革命之因由，僅僅歸之黨人的活動，他還把視線投向了較久遠、更深層的社會變革層面。由此可見，把體制內的變革與體制外的革命截然割裂開來、對立起來，是不符合歷史實際的，我們應當像孫先生那樣將二者納入一個整體中加以考評。

三、辛亥革命的「革故」與「鼎新」

一場由初級近代工業文明養育的辛亥革命，不同於從宗法農業文明中引發的陳勝吳廣以至太平天國的多次農民起義，它有著全新的訴求，並在中國乃至亞洲首次將以下兩方面近代性功課付諸實行。

（一）終結兩千年專制帝制

中國歷史的特色之一，是專制帝制早成（西元前三世紀）和長期延續（兩千餘年）。以西元前二二一年嬴政（前二四六—前二一一年在位）稱制「始皇帝」為端緒，至一九一二年清朝末代皇帝溥儀（一九〇八—一九一二年在位，年號宣統）遜位止，專制帝制歷時二一三二年，共有四九二個皇帝登極。此間政制起伏跌宕，而大勢是君主集權於漲落間愈趨強化。帝王「以制命為職」（朱熹語），反映帝王意志的「詔令」通過垂直的官僚系統布達四方，經由郡縣制、流官制，實現中央對廣土眾民的掌控。朝廷又經由選舉、科舉，君主與庶民對接，從而擴大了專制政治的社會基礎。男耕女織、土地在王有（國有）名義下私有、城鄉一元的自然經濟，是宗法制與專制帝制存在的經濟基礎，又被其反哺並受其保護。這種「宗法—專制」二重社會結構與地主、自耕農制的經濟形態相互維繫。

以上諸層面融會成的自足性機體，具有頑強的延傳能力，大一統的皇權統治有利於國家統一、穩定，對於中國古典文明的繁榮曾經發揮重要作用，然至近古以下，專制主義君主集權制的弊端日益加劇，嚴重阻礙社會進步和人的自由發展，有識之士如黃宗羲在《明夷待訪錄》、唐甄在《潛書》、顧炎武在《日知錄》、龔自珍在詩文中對專制君主制給予嚴厲批判，直指帝王為「天下之大害」（黃宗羲語）、「無名則為獨夫」（唐甄語），顧炎武還力主區分「國家」與「天下」，庶名百姓不必為一家一姓的「國家」效忠，卻要關切「天下」之興亡。可見非君論及民主訴求在中國文化有著內在根據，並非如某些論者所斷言的全係外鑠。時至近代，在工業文明煥發的內外因素作用下，對宗法專制帝制的批判武器更為銳利，武器的批判也終於呼嘯而至，這便是辛亥革命。這場革命的發動者孫中山等人並不信奉暴力拜物教，他們希望以強力的一擊，結束清廷統治，使兩千餘年一以貫之的君主專制政體退出歷史舞臺，並防範專制帝制復活。

同盟會一九〇六年擬訂《軍政府宣言》，明確公示國人：

> 今者由平民革命以建國民政府，凡為國民皆平等以有參政權。大總統由國民公舉。議會以國民公舉之議員構成之，制定中華民國憲法，人人共守。敢有帝制自為者，天下共擊之！

辛亥首義後，諸省響應，帝制崩坍已成定局，宣統三年十二月十三日（一九一二年二月十二日）以隆裕皇太后懿旨名義發佈清帝退位詔書。該諭旨曰：

今全國人民心理多傾向共和，南中各省既倡議於前，北方諸將亦主張於後，人心所向，天命可知。予亦何忍因一姓之尊榮，拂兆民之好惡。是用外觀大勢，內審政情，特率皇帝將統治權公諸全國，定為共和立憲國體，近慰海內厭亂望治之心，遠協古聖天下為公之義。

這份由立憲派人士張謇擬訂的詔書明確宣示，接替清朝的不是一個新的皇朝，而是「共和立憲國體」。這一承諾當然不是清室的善意，而是辛亥革命造成的大勢所至，是包括革命黨、立憲派在內的各派別共同努力的結果。清帝遜位、民國成立標誌著諸王朝前仆後繼、回環往復的歷史的終結，是近代文明在中國生長發育的產物，代表這種歷史態勢的，是革命民主派及其各路同盟軍（如立憲派）組成的「合力」，專制帝制自此不得人心。袁世凱於辛亥首義以後，掌握大權，竟於一九一六年「攘竊帝位」，「以一姓之尊而奴視五族」。而披上皇帝袞冠博帶的袁世凱立即成為國民「公敵」，召致「天下共擊之」，洪憲王朝八十餘日即告覆滅。同盟會一九〇六年擬訂《軍政府宣言》所稱「敢有帝制自為者，天下共擊之」，十年後得以應驗，可謂一語成讖！

辛亥革命不同凡響的意義，不僅在於推翻已經腐朽了的清王朝，更在於結束了沿襲兩千餘年、近古以來已成社會桎梏的專制帝制，從而豎立了劃時代的歷史界標。

（二）開啓共和憲政新篇章

與推翻專制帝制互為表裏，辛亥革命的另一空前的歷史業績，是建立民主共和政體。「共和」，在中國古典的本義為「共同協和行政」，近代中國與日本學人用「共和」或「公和」翻譯西洋的民主立憲政體（republicanism）。這種政體的基本形態是：國家權力機關和國家元首由選舉產生，國家實行立憲政治。與君主制相對，採用這種政體的國家稱共和國。「共和」的英文republic一詞來源於拉丁文res publica，意即公共事務。

共和憲政與君主立憲同為近代民主政體的兩種並列形態，但由於戊戌變法夭折和清末仿行立憲最後推出「皇族內閣」，表明君主立憲難以在中國實行，共和制成為先進中國人的不二選擇。早在一八九七年，孫中山在《與宮崎寅藏平山周的談話》中，宣示自己的政治精神是「執共和主義」，他還批駁那種「共和政體不適支那之野蠻國」的論調。二十世紀初，鄒容的《革命軍》更高喚「中華共和國萬歲」口號。

至一九一一年，革命民主派在觀念形態上介紹並宣導民主共和，已歷十餘年，而踐履共和制，使之成為一個鮮活的事實，則開端於辛亥首義，湖北軍政府建立、《鄂州約法》

制定、中華民國臨時政府成立，便是其顯在標誌。

中國革命民主派堅守共和主義，並強調共和主義乃是繼承中國傳統精義與借鑒西方近代政體的結合，孫中山說：

共和者，我國治世之神髓，先哲之遺業也。我國民之論古者，莫不仰慕三代之治，不知三代之治，豈能得共和之神髓而行之者也。

辛亥首義及湖北軍政府建立，尤其是中華民國臨時政府的締造，是「盡掃專制之流毒，確定共和」的實踐。

儘管「共和」的真實實現，在中國要經歷一個起伏跌宕的艱難過程，「共和」的「公」（共和政體是公平、公正政體）、「共」（國權是公民共有事業）、「和」（以和平方式參與政事）三義為國人認識並付諸實施，決非一蹴而就，然而，辛亥革命應該說是中國人追尋共和憲政的第一個高潮。湖北軍政府用人「公舉」、政事「眾議」，《鄂州約法》將主權在民、權力制衡的精義反映在具體的律法條文中，皆體現一種初級的共和精神；軍政府宣佈廢除苛捐雜稅、實行司法獨立、宣導工商業發展，則顯示了共和憲政的進步性與人民性。

中古形態的政體、國體及其意識形態有著強勁的歷史慣性與惰力，故向近代性的政體、國體轉化，必然經歷一個坎坷曲折的過程。法國十八世紀晚期爆發以民主共和為目標的大革命，之後多次發生封建帝制復辟與共和制再建的博弈，遂有「第一共和」、「第二共和」、「第三共和」的複雜交替呈現。在中國這樣有著悠久、深厚的宗法君主專制傳統的國度，反覆與曲折更勢在必然。辛亥革命後，發生洪憲帝制復辟、張勳復辟，乃至長期軍閥混戰，皆是反復與曲折的表現，其間也導致國家及人民的深重苦難，這本是中國社會的中古式慣性遺留的後果，有論者拿這些曲折反復的過程，作為否定辛亥革命的理由，是顛倒因果，陷入一種非歷史主義的論說。

四、「後革命時代」看辛亥革命

現在早已進入「後革命時代」，人們對革命有了不同於革命時代的認識。在「革命時代」，往往一味讚美革命而否定改良，這顯然失之偏頗。但立足於「後革命」時代，也不應一概否定歷史上的革命，不能在體制內改良和體制外革命兩者間一味肯定前者、否定後者，而應當將其置於歷史環境，考析時代條件，對改良與革命在當時當地的合理性、可行性作出具體、合理的評議。而且，孫中山、黃興、宋教仁等人都不信奉暴力革命拜物教，他們既主張以暴力擊碎清廷統治，也多次強調暴力革命的地域要窄、時段要短，儘量減少社會及民眾的損失。他們發動的是一場「文明革命」。在一定意義上，辛亥革命後的政權落入袁世凱為代表的北洋勢力之手，當然首先是力量對比「北強南弱」所致，但在一定意義上，也是孫中山、黃興、宋教仁等人並不執著暴力革命的產物，遂有「功成身退」的言論和行動。至於辛亥後一個長時期暴力氾濫，生民創巨痛深，乃是中國叢林規則深頑、舊勢力強大所至，不能歸責於辛亥革命。

辛亥革命只是中國現代化進程的一個環節，當然不可能完成蕩滌專制帝制積習、建立完善的民主共和國的任務，但辛亥革命宣告終結專制帝制，將共和國的理論與實踐（包括其種種不完善的狀態）呈現給中國人民，中國人民也從此認定共和制為正統。辛亥志士的主流也始終堅持民主共和，僅以我少時所見的鄰居耿伯釗為例，並頗能說明問題。

我的老家在武昌礦局街，我家對門住著耿家，戶主耿伯釗（名覲文，一八八三－一九五七），湖北安陸人，一九〇三年參加吳祿貞主持的武昌花園山聚會，曾與李書城隨吳祿貞赴長沙，助黃興籌組華興會。一九〇四年留學日本，入士官學校騎科。一九〇五年在日本結識孫中山，加入同盟會。一九〇八年回國，在南京、直隸任軍事教官。一九一一年秋武昌起義，耿氏返北京謀劃回應，因吳祿貞石家莊遇刺而未果。民國成立後，任總統府軍事秘書長兼大總統顧問。記得少時聽父親說，耿伯釗因非蔣介石嫡系，民初官階又曾在蔣之上，不大瞧得起蔣介石，還有頂撞蔣的故事，蔣對耿敬而遠之，長期讓耿坐冷板凳，出任種種閒職。不過，在礦局街百姓看來，耿氏乃「開國元勳」，為「將軍團」成員，享有權勢。我父親一輩子教書，視耿氏為權貴，不與為伍，故馮、耿兩家門對門，相距不過十米，卻從不來往，我也一直沒有進過耿家大門。幼時在礦局街偶爾見到的耿伯釗，身板筆挺，披黑色氅篷，執手杖，威風凜凜，軍人氣度依然。一九四八年耿伯釗當選「國大代表」，耿家熱鬧了一陣，常有黑色福特汽車出入，這在我們那條小街巷是極少見的排場。

中華人民共和國成立，耿伯釗以辛亥元老任湖北省政協副主席等職。此間我已是高小及初中學生，見到的耿氏在七十開外，依然身材挺拔，執手杖，威風凜凜，只是黑色氅篷不再。一九五七年夏季，我從《長江日報》頭版得見，耿伯釗作為「極右派」被批（幾月後我的父親也被打成「右派」）。時過多年，我從實驗中學校友、耿伯釗孫女耿弟安大夫處看見一份材料，得知當年情況：一九五七年六月，新華社記者曲一凡兩次採訪耿伯釗，前後六小時，談話內容被曲一凡整理成文，刊發於新華社《內部參考》，不久即成劃耿氏「極右」的證據。耿伯釗的談話，主要講應當加強法制，他認為建國八年了，法制工作仍跟不上形勢發展和人民迫切要求。他說：「憲法有了，但憲法不能代替具體的法律法規。現在，除了婚姻法，幾乎沒有別的成文的法律。民法、刑法是必不可少的。必須建立法治，使人人都懂法，樹立守法的觀念。」今日重溫耿伯釗這番話，只能說既中肯又善意，從中可以見到辛亥志士對民主憲政的執著堅守。

如果說，少時的我只看到耿氏風儀整峻的軍人外觀，那麼，時下閱覽耿氏辭世前幾個月的談話記錄，方得見民主共和精神在一位辛亥老人心中閃耀。

誰領導了辛亥革命？

楊天石

各位女士、各位先生，下午好！很榮幸有機會到這裏來做一個演講，我今天演講的題目是誰領導了辛亥革命。

今年是辛亥的百年紀念，關於辛亥革命的研究也幾乎有一百年的歷史了。但是關於這一次革命，有許多基本的問題還沒有研究清楚，學術界還有不同的看法。誰領導了辛亥革命，這個是辛亥革命研究裏邊的最重要也是最基本的問題。關於這個問題，大陸的歷史學界有種種不同的說法，一種說法是這次革命是資產階級領導的，另一種說法是這次革命資產階級革命派領導的，第三種說法是這次革命是資產階級中下層領導的。今年有學者提出來，這一次革命的領導者是資產階級及其政治代表領導的。幾種說法雖然有差異，但是一言以蔽之，都認為辛亥革命是資產階級領導的。

那麼這個說法就造成了我們歷史解釋學裏邊的一個矛盾，甚至可以說是一個荒唐的現象，出現了一些難以解釋的問題。問題之一就是一個反對革命的階級，被說成了革命的領導階級。矛盾之二，是一種批判資本主義，嚮往社會主義，反對在中國充分的發展資本主義的政治力量，被說成是資產階級的政治代表。問題之三，是把在學校裏邊讀書的學生，還有當時近代中國出現的一批新型的文化人，把他們非常勉強的定為資產階級分子。根據這些解釋，歷史不是被解釋得越來越清晰，而是越來越糊塗，越來越難以理解。

因此我們要為了正確的還原歷史，解釋歷史，我們要找尋一種新的解釋方法，找出一種新的解釋的途徑。下面，我講解第二個問題，就是說近代中國資產階級的力量是微弱的。那麼按照剛才介紹的幾種觀點，都認為辛亥革命他的領導者是近代中國的資產階級，那麼我們首先就想需要考察當時中國的資產階級人數有多少，有多大的力量。中國的民族資本主義工商業發端於洋務運動時期，到了戊戌維新時期有了初步發展，到了辛亥革命時期有了比較迅速的發展。但是整個來說，力量還是太小太微弱。

我們有些研究經濟史的學者，研究過辛亥革命時期中國的現代的企業、現代化的工廠、銀行、商店，說法不一樣，有的說那個時候全國的現代化的企業大概是五五百家，有的呢，估計的稍微多一點，大概是一千家。不管是五百家也好，一千家也好，那麼能夠有資格稱為資產階級的，能夠有資格稱為資本家的，我想大概不會超過一萬人，那麼有人根據一九一一年各地的商總會的領導人和各地分會的領導人，有一個統計，大概全國是五萬兩千六百三十個人，這個數字好像大了一點。但是當地當時各地的商會，參加商會的會員、領導人很難都認為都看成是現代意義上的企業家。即使我們承認五萬多人的數字是真實的可靠的，這個數字也仍然很小很微弱，擔負不起領導全國性的辛亥革命這樣重大的任務。更重要的是，辛亥革命時期中國的民族資產階級不僅人數少、力量小，更重要的是，這個階級是反對辛亥革命的。辛亥革命前夜，中國的資產階級有些運動是參加的，有一些反對列強侵略中國，保護國家權利，保護民族工商業權利的運動是積極參加的。但是在政治上，這個階級的成員是反對革命，主張君主立憲。他們是立憲運動和國會請願運動積極的參加者。

我想我給大家舉幾個例子，第一個人我給大家介紹的是曾鑄，曾鑄是當時上海灘上很有名的資本家，他經營多種商業門類，而且也投資新興的民族工業，一九〇五年的時候，美國發生排華運動，對於當時到美國來的做工的華工採取虐待的政策，曾鑄作為一個愛國的資本家，他曾經向全國二十一個城市發出通電，要求全國各地抵制美貨，就是說大家都不要買美國的進口貨，用這個辦法來抗議當時的美國政府對於中國工人的虐待。這個當然是一個愛國行為，但是曾注的愛國行為受到清朝政府的壓迫，在清朝政府的壓迫下面，曾鑄在一九〇五年的夏天，就發表一個檔，叫《告全國同胞書》，宣佈他退出這個運動。那麼這件事情呢，我覺得比較典型的體現了當時中國的資本家他的軟弱性和妥協性，清朝政府稍加壓迫他就退卻了。那麼曾鑄提出的口號主要是兩條，一個呢就是聲國權，要聲張、擴展中國的國家權利，另外一個口號呢，叫保商利，要保護商人的利益。那麼這兩個口號還只停留在經濟領域，並沒有在政治上有任何要求。

我給大家介紹的第二個資本家就是我們大家都很熟悉的張謇，南通人，他是中國棉紡織業最早的開拓者，他曾經在南通等地創辦了中國最早的紡織廠，而且還辦過其他種種企業，可以說張謇是辛亥革命前夜中國最大的、最著名的也是最有代表性的一個資本家。那麼張謇在一九〇四年他就積極的動員清朝政府的封疆大吏，就是地方大員，來向清朝政府提出立憲的要求。那麼這些人有當時的湖廣總督張之洞，還有當時在直隸的在天津的袁世凱等人。張謇不僅動員他們向清政府提出立憲要求，而且他還跟別人刊刻了出版了日本憲法等出版物，要求清朝政府模仿日本來進行立憲。在一九〇六年十二月，張謇又主動地在上海成立了一個團體，這個團體叫預備立憲公會，張謇成為這個團體的副會長。當時這些資本家的要求是希望清朝政府能夠儘快的成立國會，他們在上海組織了全國許多城市的商人資本家，組成了請願代表團，要到北京來向清朝政府請願，要求儘快的立憲，要開國會。在請願代表團離開上海，出發到北京的時候，張謇專門寫了一篇序文，告訴這些代表團的成員，說你們向清朝政府請願可能一次不行，那就請願兩次，兩次不行就請願三次，如果清朝政府一再地不答應，那我們就永遠不停地請願，進行和平的哀求。所以從以上的情況看來，張謇始終是一個和平請願，要求在中國實行君主立憲的一個政治家。一九一一年武昌起義以後的六天，全國各地紛紛發生反對清朝政府的武裝起義，那麼在這個時候，張謇他聯合了幾個從日本回國的留學生，向這個當時的江蘇巡撫程德全，替他起草一個奏摺，它的核心內容也是要求清朝政府到太廟去宣誓實行君主立憲。像張謇這樣投入和平請願，要求君主立憲的不是一個人，有一批資本家。

我在下面給大家提供了一個數據，就是根據一九〇九年預備立憲公會，有一個會員名冊，這個名冊登記的會員是三百五十八個人，在這個三百五十八個人裏面，有七十七個人做過清朝政府的官吏，像知縣這樣的官員，大概占總個人數的百分之二十一點五，另外還有企業家、公司的經理、以及商會的總理是八十四個人，大概占總數的百分之二十三，那麼由此可見，當時的中國資本家他們都是主張反對革命，主張實行君主立憲的。為什麼？因為資本家有企業，有財產，所以呢，他們的特點是求穩怕亂，他們害怕革命黨人的激進的思想和行為。一直到什麼時候這些資本家才有了革命的要求呢，那是在清朝政府鎮壓了從全國各地到北京請願的這樣一些代表團以後，只是在清朝政府成立了皇族內閣。皇族內閣是當時清朝政府成立的國務院，在十三個部長以上的大員裏邊，滿人占九個，在滿人裏邊，皇族占七個，漢族只有四個。那麼清朝政府的鎮壓國會請願運動，組建皇族內閣這些事情刺激了進行立憲請願的資本家，在這以後，中國的資產階級才緩慢的、逐漸的贊成革命，轉向革命。

那麼這裏我也要向大家介紹上海的另外一位著名的資本家叫沈縵雲，他在上海開設了一家很有名的銀行。他在一九〇九年被上海的商界推薦為上海的商務總會的總董，就是商總的領導人。他最初也是和平請願的成員，在一九一〇年他曾經從上海逃到北京，見到了當時清朝政府的內閣總理大臣，內閣總理大臣就是相當於當時的國務院總理，叫奕劻。要求清朝政府趕快抓緊時間建立國會，但是沈縵雲的這個要求遭到了奕劻的堅決地拒絕。沈縵雲由此認定，要救中國，除了革命沒有別的辦法，因此他就回到上海，經過當時的革命家于右任的介紹，參加了同盟會，成為上海資產階級裏邊第一個從和平請願轉向革命的第一個人。武昌起義之後，更多的資本家轉變到贊成革命、參加革命的立場上來。當時有兩個人可以供選擇，一個是革命黨的領袖孫中山，另外一個就是大官僚袁世凱。在孫中山和袁世凱這兩個人之間，中國的資產階級選擇的是袁世凱，不是孫中山。兩年後，孫中山在中國的南方發動二次革命，要想推倒袁世凱，那麼在中國的資產階級裏邊，除了沈縵雲一個人，別的資本家都站在袁世凱方面，主張要鎮壓革命黨。從民國初年開始，隨著歷史的發展，我們並沒有看到過中國的資本家，中國的民族資產階級來支援孫中山，給予孫中山大量的財政、經濟的援助。所以說在辛亥革命時期，中國的民族資產階級，中國的民族資本家是反對革命的。

那麼在晚清的政治舞臺上面，是誰代表中國的資產階級，代表中國的資本家講話，成為他們的代表呢？那麼我認為是知識份子裏邊的一個類型，我稱之為維新知識份子。近代中國從鴉片戰爭以後，中國開始出現和傳統的知識份子不同的新的知識份子。大體上是五種人。第一種人叫洋務知識份子，這些知識份子他們主張學習西方的科學技術，學習西方的先進的輪船大炮。第二種知識份子我認為叫維新知識份子，我們大家熟悉的康有為、梁啟超、譚嗣同、嚴複都是，他們和洋務知識份子不同，就在於他們要求在保存君主專制制度的前提之下，實行部分的政治改良。第三種知識份子，我稱之為共和知識份子，有我們大家熟悉的孫中山、黃興、宋教仁為代表，他們主張在中國建立民主共和政體。第四種叫無政府知識份子，他們反對在中國建立一切政府，他們認為沒有政府是最好的社會。第五種我認為像李大釗、陳獨秀、毛澤東，他們信仰共產主義，所以他們可以稱之為共產知識份子。

那麼我們回過去討論，在近代中國這樣一些新型知識份子裏邊，維新知識份子他們是中國的資產階級在政治上，經濟上的代表，是中國資產階級發言人。那麼這一部分知識份子在政治上他們推遲資本家、推崇資本主義，例如有位思想家叫馬建忠，他提出來要保護商會作為一個根本的大事情來辦，例如戊戌維新運動的領袖康有為他講過兩句話，說商業工業如果能夠強盛的話，那麼國家就富強了。在政治上他們主站君主立憲，例如有一位思想家叫鄭觀應，還有兩位思想家一位叫陳球，一位叫陳馳，他們都主張在中國要建立西方的議會，也就是西方的國會，要求實行君主立憲。

維新知識份子最重要的代表是梁啟超，梁啟超的主張可以從下面幾點看出來。第一點梁啟超認為資本家是國民經濟的中樞，梁啟超提出來中國當時需要資本家，需要大資本家，尤其需要托羅斯這種大的資本家集團。第二點梁啟超提出來要把保護資本家、獎勵資本家作為第一義，就是作為最重要的事情，放在首位的事情來辦，把保護勞動者作為第二位，作為次要的事情來辦。為了能夠保護資本家獎勵資本家的發展，在開始的階段，哪怕讓社會上其他一部分人的利益受到損失也完全可以。梁啟超的第三個觀點認為私有觀念是當時的社會一切文明的來源，追求利運，盈利的觀念，是社會進步發展的源泉。第四方面，梁啟超認為社會革命，也就是社會主義，將要杜絕自由競爭，阻礙社會進化，鼓動社會的下層的窮人來排斥甚至於屠殺上層社會。第五個觀點他們要求實行君主立憲。第六，梁啟超主張叫制憲選舉，因為要成立國會，那當然要選舉議員。選舉議員有兩種方法，一種叫制限選舉，就是要有條件限制。梁啟超特別提出來家裏邊沒有儲蓄的多餘的糧食，文化不高、目不識丁的人不能夠成為議員，梁啟超說如果一個人家連他連儲蓄的糧食、多餘的糧食都沒有，如果他連一個字都不認得，這樣的議員進了議會、進了政府，這個議會還能算是議會，還能算是政府嗎。所以可見立憲知識份子，包括後來主張君主立憲的那些知識份子，他們要求在中國最充分最自由地發展資本主義，建設君主立憲政體，甚至於開明專制政體他們也擁護，也贊成。梁啟超曾經到美國來遊歷過一次，他到美國遊歷之後，他自己講了一句話，他說游美洲，到了美國流覽過了，而夢，就是做夢，想的是俄羅斯。因為俄羅斯當時是彼得大帝是開明專制。所以從以上的觀點來說，維新知識份子他們才是近代中國資產階級的代表者，是資產階級的代言人。

下面我講共和知識份子。辛亥革命的領導力量就是共和知識份子。共和知識份子產生有它的歷史條件，首先是留學熱，就是國內的青年學生到日本、到美國、到歐洲留學這股熱潮。其次是國內的創辦新式學堂的熱潮，再其次是新式的報紙，新式的圖書出版熱。第四個熱潮是西方民主文化的傳播熱。除了這個五種熱潮之外，國內的歷史條件，是清政府頑固的維護君主專制制度，維護愛新覺羅家族的千年萬代的統治這個核心利益。由於留學熱，留學生的數量有了很大的發展，一九〇三年留日學生是一千三百人，到了一九〇五年就發展到了一萬三千人。國內的新式學堂，一九〇七年有一百零一點三萬人，到了一九〇九年就發展到一百六十二點六萬餘人，留學生、國內的新式學堂的學生是遠比近代中國的資本家更為龐大的一種社會力量，其中一部分人發展成為追求共和民主的知識份子，另外一部分人參加到了要求君主立憲的行列裏面去了。在大量出現共和知識份子的基礎上，逐漸形成了辛亥革命的領導機構，中國同盟會。我也請大家看下面的一組數字，上一個世紀八十年代，我所在的中國社會科學院近代史研究所曾經做過一個調查研究，調查了一九〇五年到一九〇七年這個三年裏邊，我們還可以找到資料，找到他們後人的三百七十九個會員。那麼其中留學生、學生是三百五十四人，占總人數的百分之九十三，其中資本家、商人只有六個人，只占百分之二，可見同盟會是以學生，新式文化人為主體的一個革命的團體。

共和知識份子和中國的傳統知識份子不同，也和維新知識份子不同，這個不同主要表現在以下三個方面。第一他們具有更多的近代科學知識。從知識結構的主體看，不再是子曰詩雲，而是聲光化電和達爾文、赫胥黎的進化天演之學，第二點，他們具有近代的民主主義思想，從思想的主流看，不再是「普天之下莫非王土，率土之濱莫非王臣」以及「臣當盡忠，君要臣死，不得不死」的這樣一些舊觀念，而是以盧梭為代表的「主權在民」的民主主義觀念，這個是共和知識份子主要的思想特徵。第三點他們是出賣腦力，或者將要出賣腦力，以知識為其謀生手段，他們主要的服務的地方時新興的科學文化教育事業，不需要依靠家庭的土地，也不需要通過科舉，在一定的程度上擺脫了對地主階級和清朝政府的依賴。這樣一批共和知識份子，和西方資產階級革命時代的知識份子也不同，主要的表現在也是三個方面。第一反滿，第二推動他們投入社會政治運動的主要原因是救亡，是從帝國主義的侵略下拯救祖國、振興中華，並不是資本家的經濟利益。當他們離鄉去國，尋求真理的時候，他們拋棄彼此，準備武裝起義的時候，他們所想的是如何是災難深重的祖國免於瓜分，如果使可愛的民族免于淪為馬牛，至於發展資本主義，他們中的許多人根本連想都沒有想過。第三，他們中不少人的思想裏邊，不同程度的存在著批判資本主義或者反對資本主義的內容，表現出對社會主義的同情和嚮往。例如鄒容他曾經寫過一個宣傳革命的小冊子，這個小冊子長期被認為是要想在中國建立資產階級共和國的方案，但是鄒容在上海的這個法庭上宣佈，他已經對於革命軍不感興趣了，他感興趣的是要寫一本新的書，叫均平富，這個均平是當時中國早期社會主義的一個同義語。又例如章太炎，他原來的偶像是華盛頓、拿破崙這兩個西方資產階級的領導人，但是當章太炎到了日本以後，他看到日本社會階級對立的情況，看到日本選舉的種種醜惡的現象，他的思想變了。他曾經說他要把華盛頓、拿破崙的墳墓扒開來，用鐵錘去把華盛頓、拿破崙的頭砸破。那麼以孫中山為例，孫中山在一九〇三年十二月曾經給他的朋友寫過一封信，講到西方的社會貧富兩極分化，因此他每時每刻都在想著社會主義。一九〇五年五月，孫中山專門到比利時的社會黨國際局，社會黨國際局就是當時的第二國際，孫中山到第二國際表示他的黨要求參加第二國際，孫中山表示他要在中國讓工人階級免於受到剝削的痛苦。一九〇五年十一月，孫中山在東京的革命刊物《民報》上講，歐洲的國家雖然很強大，但是生活很困難，中國的未來絕對不能夠再跟著歐美的後面走，中國應該走一條新的道路，要創造一個新的社會。一九一五年十一月，民國已經建立了，孫中山又給第二國際寫過一封信，在這封信裏面，孫中山講社會主義是他一生唯一的奮鬥目標，他認為社會主義能夠解決中國的毛病，希望第二國際派人到中國來，幫助中國成為世界上第一個社會主義國家。孫中山寫這封信的時候，俄國的十月革命還沒有發生，十月革命要在兩年以後才發生。最有意思的一件事情，是一九二四年八月三日，孫中山在國民黨中央委員會上有一個演說，他說如果你們認為我的民生主義和共產主義不是一回事情，那麼我就退出國民黨，我自己去參加共產黨。像孫中山這樣懷著同情嚮往社會主義的不是一個人，其他的一些人，像廖仲愷、朱執信、胡漢民、戴季陶、早期的馮自由等等他們都是這樣，這個是一批人。

概括他們的思想，第一，他們讚揚馬克思的資本基於掠奪的思想，他們指責資本家是盜賊，沒有良心，沒有道德，壓制平民。他們的第二個觀點，指責托拉斯集團是將來中國的大毒物，反對在中國發展資本主義，主張大資本國有，要在中國實行民生主義，使國家成為大資本家。第三，他們讚揚土地公有，資本公有，讚揚公有制。第四，他們同情勞動者，讚揚工人不僅僅是發達資本的功臣，而且是開闢人類世界的功臣。他們反對梁啟超的獎勵資本家置他人不顧的思想，要求注重社會的分配問題，避免西方社會貧富懸殊的這種現象的再現。第五他們主張革命，建立民主共和國。第六他們反對制限選舉，主張在選舉的時候沒有任何財產和知識的限制。第七他們指責西方世界的政權是富人政權，主張建立非少數人私有的這種新式的國家政權。所以綜上所述，辛亥革命時期的共和知識份子，並不代表資產階級的經濟利益，他們不是資產階級的政治代表和代言人。從社會身份來看，共和知識份子以平民自居，聲稱自己所從事的革命叫平民革命，因此也可稱他們為平民知識份子，他們所代表的是廣大的平民的利益。共和知識份子他們的社會主義傾向是當時國際社會主義運動影響的結果，當時中國革命黨人生活在日本，他們受到了日本社會主義的影響。一九〇一年日本就成立了社會民主黨，一九〇三年日本的思想家幸德秋水就創造了就平民社，提倡平民主義、社會主義。同一年實際上是穿上軍裝的共和知識份子，而且他們是南京臨時政府的領導主體，共和知識份子大部分是尚未走向社會的青年學生，或者是走出學堂之後就成了職業革命家，成了潛入軍隊的從事秘密工作的職業軍人，有的還只是在新式學堂、書報企業的腦力雇傭勞動者。他們本身不是資產階級，也不是所謂廣義的資產階級，和近代中國的資本主義、經濟的發生發展都沒有關係，更不代表資產階級的經濟利益。如果辛亥革命前夜中國尚未出現近現代化的企業，辛亥革命還會不會發生呢，我以為主要中國的半封建半殖民地的社會性質不變，只要中國產生了一批共和知識份子，那麼類似辛亥革命的革命還要發生。如果中國不出現一大批共和知識份子，那麼即使民族資本主義更為發達，資本家的階級的陣容更為強大，類似辛亥革命的革命也不會發生，倒是為資產階級所支援的立憲運動會成功，因此我們可以理直氣壯的說，共和知識份子是辛亥革命的領導力量。共和知識份子的歷史局限，知識份子必須和其他社會力量相結合，才能夠對社會變革發生強大的作用。辛亥革命時期的共和知識份子他的局限性在於，第一他們得不到中國民族資本家的有力支持。第二，他們找不到和中國社會人數最多、革命潛力最為深厚的農民相結合的道路。第三，他們不像後來的共產知識份子一樣有一個堅強的靠山，就是共產國際和蘇聯。因此共和知識份子的挫折和失敗有其必然性。

最後講幾句話，第一，那種認為辛亥革命的領導者是資產階級及其政治代表的觀點與歷史事實不符，沒有客觀的根據，其產生主要的是由於政治需要，而不是實事求是的歷史研究的結果。第二，現有的歷史研究要從方法論開始加以改造。謝謝大家，我的報告到此為止，可能時間長了點，歡迎大家批評指正。

中國革命的國際背景

楊奎松

很高興有機會到哈佛來，特別是在這麼漂亮的教堂做報告。首先要說明一下，今天這個題目不完全是講《中間地帶的革命》，因為那本書裏講的國際背景涉及的細節太多，我這裏主要想結合我們這次開會的主題，即辛亥革命以來中國革命持續發生這個大問題談點看法。辛亥革命為什麼會發生，辛亥革命以後為什麼中國一個革命接著一個革命呢，和國際背景有什麼關係。

我們今天，包括這次的討論，也包括在國內今年以來一直在進行的各種討論，經常都會有人問到這樣一個問題，就是中國為什麼會發生革命。我們過去有各種各樣的解釋，有從社會角度解釋的，有從經濟角度解釋的，有從民族角度解釋的，有從階級角度解釋的。客觀事實也是非常複雜，很難一言以盡之。這些解釋都有道理，肯定是許許多多的矛盾積累到了一定程度，在某種特別的情況下，一個刺激引發了爆點，最終導致了革命的爆發，辛亥革命理當是這麼來的。

不過，我們過去的解釋裏面，我想我們有一個很大缺失，就是很少會把中國社會，把中國社會的發展進程，把中國社會發展進程中革命的爆發，和國際的大環境、大背景聯繫起來。我寫《中間地帶的革命》這本書時，在序言就舉了一個例子討論了這一點。我斥疑了毛澤東經常講，過去國人在研究中國革命時經常提到的一個觀點，即所謂內因是根據，外因是條件的說法。這個說法理論上沒有錯，任何事物的存在與發生，當然首先取決於事物本身，外部的影響、作用在多數情況下不是最關鍵的因素的。一個社會出了麻煩，特別是像革命的爆發，也一定是它自身內部的矛盾衝突積聚在先。但是，說什麼條件下內因都是決定的，外因都是條件，甚至由此演繹出外因可有可無，就不對了。我的看法是，外因和內因的作用大小，或者決定與否，要看我們從哪個角度看問題。我用了毛澤東舉過的那個例子，即雞蛋和石頭。毛澤東說，外因是變化的條件，內因是變化的根據。外因通過內因起作用的。給予適當的溫度，雞蛋就能夠孵出小雞來，但無論溫度如何，石頭也永遠孵不出小雞來。但是我說，毛的這個例子中雞蛋和石頭與溫度之間沒有相關性，如果換成兩個受了精的雞蛋，情況或結論就不同了。適當的溫度同樣作用於兩個雞蛋，兩個雞蛋肯定都可以被孵出小雞來，但是，如果溫度不同，或者像我們在自然界裏經常可以看到的那樣，因為給予溫度的母雞距離不同的雞蛋遠近不同，導致兩個雞蛋被孵化時的溫度不同，結果也很肯定，在母雞肚子下面的雞蛋會孵出小雞來，在母雞肚子外面的雞蛋就孵不出小雞來了。如果我們看這個例子就可以清楚地瞭解到，相對於同質的雞蛋來說，作為外因的溫度或雞蛋距離熱源的遠近，在能不能孵化出小雞來這一點上，不僅不是可有可無的，而且是決定性的。在人類歷史上，具有類似或相同的內部矛盾衝突的社會很多，卻不見得都會發生革命。進入十九世紀，特別是二十世紀以來，之所以世界各國革命頻發，顯然不僅僅是因為各國社會內部的問題都一樣，很大程度上是世界這個大的外部環境發生了巨變，影響到了各國社會內部。而且，越是距離革命熱源近的國家，發生同類革命的機率和機會越大。為什麼俄國革命成功之後，世界上陸續成功共產革命的國家基本上都環繞在蘇聯周邊？這不是沒有原因的。

為什麼說世界大環境的變化及其影響對中國革命的作用，可能要比中國自身內部矛盾衝突的影響作用還要大呢？我在這裏給大家列了一張表。通過這張表，我想先討論一下近代革命本身的問題。換言之，我們今天所談到的這個革命，和歷史上的農民起義、農民反抗不是一回事。中國專制統治兩千多年，各種各樣的內部、外部衝突多得不可勝數，充其量也就是改朝換代，從未發生過我們這裏所講的近代意義上的這種根本變革社會制度、社會乃至民族關係的革命運動。為什麼中國二十世紀會發生一系列革命運動，說起來其實是一個世界性的問題，並不完全是中國自身的問題。甚至可以說，我們今天談到的中國革命，是和世界近代史上英國光榮革命、法國大革命、美國革命，以及俄國革命有一脈相承的關係的。

國別黨別	時間	領導力量	統治變更形式	革命目標範圍						民眾參與	外力影響	激烈程度	革命性質
				自由	平等	統一	獨立	強國	均富				
英國	十七世紀末	上層精英	分權	無	無	無	無	無	無	低	低	低	憲政革命
美國	十八世紀末	上層精英	轉移	有	無	有	有	無	無	低	低	低	民族革命+憲政革命
法國	十八世紀末	中層精英	推翻	有	有	無	無	無	無	高	低	高	憲政革命+半社會革命
俄國	二十世紀初	下層精英	推翻	無	有	有	無	有	有	高	低	高	政治革命+社會革命
國民黨	二十世紀上半	中上精英	推翻	無	無	有	有	有	無	中	高	中	政治革命+民族革命
中共	二十世紀下半	下層精英	推翻	無	有	有	有	有	有	高	高	高	民族革命+政治革命+社會革命

在這張表裏，我們可以看到一個世界「革命」的發展脈絡或歷史線索。英國的，法國的，美國的，俄國的，中國則有國民黨的和共產黨的。這條世界「革命」的發展脈絡是從十七世紀英國光榮革命開始，經過十八世紀法國革命和美國革命，最後到二十世紀出現了一個大規模在世界各國到處爆發的局面。特別是俄國革命爆發以後，在俄國為半徑的許多歐洲、亞洲國家都爆發了革命。這樣一種革命在第二次世界大戰結束後達到頂點，世界原來五十幾年國家，不是根本改造，就是四分五裂了，十幾二十年時間世界國家的總數就超過了一百個，以後更發展到二百個。自英國光榮革命以來，世界各國的革命，都一直圍繞著三大近代政治的主題，即或求憲政民主，或求民族獨立，或求經濟平等。所有的革命，都和現代民族國家的形成密切相關，而且越到後來，民眾自覺和參與程度也越高。因此，中國革命，無論是國民黨革命，還是共產黨，都只不過是繼承幾個世紀以來一系列發達國家革命而來。只是，在俄國革命成功之後，中國因為毗鄰俄國，更多地受到了俄國革命的影響，因為中國自身半殖民地性質，因而更多些革命的目標而已。

具體來說，英國革命，基本上是一種上層革命，它主要是貴族和國王之間為了爭奪權力的一種力量較量，幾乎沒有民族的或社會經濟的目標。它的主要作用，就在於改變了君主專制的中世紀傳統，開創了近代憲政民主的一個榜樣。

美國革命，其實是一場反抗殖民統治的民族革命，革命的領導階層或中堅力量都是既有的統治精英，因而它幾乎沒有社會變革的目標。但因其重新立國，各殖民地分權意識強烈，又受到同時期法國革命自由意志的影響，因而它非常特殊地形成了一種新型的民主政體，因而在民族革命的過程中成就了憲政革命。

法國革命，既是一場以追求民主為目標的憲政民主革命，又是一場第三等級追求權利地位平等的社會革命。因為它既以推翻中世紀君主專制統治為目標，又力圖實現社會平等，革命領導和中堅力量又屬於社會中下階層，因此，這場革命和下層民眾的結合較為密切，因而也使得整個革命一度變得相當激烈和暴力。

俄國革命，不僅以推翻舊有統治，奪取政權為中心，而且包含有社會的、經濟的、民族的等等多重目標。它的領導層，即革命的中堅力量是社會下層精英，因此，它對底層民眾的動員十分徹底，由此造成的對政治、經濟、社會的衝擊也格外沉重，暴力的程度也格外高。

中國國民黨的革命，雖然深受俄國革命的影響，帶有一定的社會改造意圖，但卻是以美國革命為榜樣的一場以追求國家統一、獨立為主要目標的民族革命。國民黨的領導層代表的是社會的中上層階級，因此它和社會底層的聯繫不多。

中共的革命，很清楚，它走的完全是俄國革命的道路，革命的目標也完全相似，只是它多出一重追求國家統一和民族獨立的革命目標。而它的下層精英的領導和對下層貧苦農民的依靠，結合它力圖徹底顛覆舊有社會關係的革命任務，亦使它的激烈與暴力的程度變得相當高。

綜合上述我們可以注意到，近代以來的各國革命，有幾個重要特點。

第一，它是近代世界近現代歷史中的一個常態，並不是中國獨有的。可以說，它是從我們稱之為中世紀專制的這樣一個社會形態，發展到一個現代國家過程中的一個伴生物。革命並不意味著一定會導致暴力或破壞，但通過革命，根本改變政治統治制度，使之更接近於民主，是必然的。

第二，近代以來的革命通常是和現代國民族國家的形成相聯繫的，因而也是會隨著現代民主政治模式的發展，發生從上層革命到中層革命到下層革命的一步步演進。特別是進入到二十世紀，有了俄國革命以後，不同國家因為外部影響或內部因素的不同，其革命的領導力量和中堅階層不同，革命的目標也會不同。

第三，隨著現代國家的形成，民主政治的出現，民眾對自身權利關注的程度漸高，革命所追求的目標也往往複雜。且越是落後國家，革命發生得越晚，它所面臨的革命選擇和任務也就越多。換句話來說，二十世紀中期落後國家開始革命時，它不僅有一個民族革命的問題，還有一個政治民主的問題，同時又往往會面臨著一個要不要實現社會分配平等的問題。如此，民族革命問題、社會革命的問題和政治革命的問題攪在一起，民眾的捲入程度也越高。

第四，革命的激烈程度多半都和領導者社會階層的高低以及民眾參與度的高低相關聯。領導者階層及中堅力量的社會階層愈高，民眾參與度通常愈低，革命的激烈程度和暴力程度也愈低；反之，領導者階層及中堅力量的社會階層愈低，民眾參與度則愈高，革命的激烈程度和暴力程度也愈高。

第五，革命的激烈程度越高，暴力程度也愈高，革命後鞏固革命成果的難度也愈大，革命政權也愈容易走向專制。而專制再生，不僅革命鞏固的代價會嚴重增加，而且革命出現反復的可能性也就愈大。

最後，越是落後國家，革命愈容易受到外力的影響和作用。但外力影響作用的大小，與革命的激烈程度和革命後成果鞏固的難易程度，不一定成正比。革命激烈與否，很大程度上是受到第四點所提到的那些因素左右的。

我們下面要講到的是關於中國革命的具體外部原因。為什麼近代中國會發生革命？根本上當然是中國自身的問題所決定的。但是，正如我們上面提到的，中國人之所以不再像二〇〇〇年來各朝各代的士農工商那樣去考慮問題，做出反應，甚或進行抵抗，謀求改朝換代，而是想要根本推翻專制政治，想要實現社會平等，會著眼於追求國家獨立，很大程度上都是新的世界環境和世界政治所促成的。是因為二十世紀以後世界變了，中國和外國的關係變化，中國人開始認識到世界潮流是什麼，理想的和現實的目標是什麼，開始知道應該按照誰的理論、仿照哪個國家的方式，來改造和建設自己的政治、經濟、社會與國家了。那麼，為什麼要革命，又為什麼要用那麼激烈的方法來革命呢？我這裏列了一個表，通過這個表我們可以看到當年那些想要追上世界潮流的人們，他們最初都在想什麼。

時間	地點	刺客	被刺對象	相關組織
一九〇〇年	廣州	史堅如	兩廣總督德壽	興中會
一九〇一年	北京	陶成章	慈禧太后	光復會
一九〇四年	北京	楊毓麟、蘇鵬等	謀炸清廷宮苑	橫濱暗殺團
一九〇四年	上海	萬福華	前廣西巡撫王之春	光復會
一九〇四年	南京	易本羲	戶部侍郎鐵良	日知會
一九〇五年	河南	彰德王	戶部侍郎鐵良	日知會
一九〇五年	北京	吳樾	出洋五大臣	「北方暗殺團」
一九〇六年	南京	楊卓林	兩江總督端方	同盟會
一九〇六年	廣州	劉師復	廣東水師提督李準	「支那暗殺團」
一九〇七年	安徽	徐錫麟等	安徽巡撫恩銘	光復會

一九〇八年	安徽	范傳甲	協統余大鴻	
一九〇九年	南京	喻雲紀	兩江總督端方	同盟會
一九一〇年	北京	汪精衛等	攝政王載灃	同盟會
一九一〇年	北京		慶親王	
一九一一年	廣州	溫生才	廣州將軍孚琪	同盟會
一九一一年	廣州	林冠慈	廣東水師提督李準	「支那暗殺團」
一九一一年	廣州	陳敬嶽	同上	陳炯明暗殺團
一九一一年	入川途中		兩江總督端方	

我們都知道，中國最早的激烈革命，是孫中山在一八九五年發動的廣州起義。起義僅靠少數興中會骨幹成員，動員了一批會黨分子，想要擒賊擒王，靠突然襲擊攻入都統、總督、巡撫、水師提督四處衙門，一舉拿下廣州城。此一行動因事洩而未成，但孫中山以後近十次起義大體上也都是如此行事的。這些舉事都沒有成功，革命黨卻屢仆屢舉，前赴後繼，堅持不懈。我想對這些情況大家應該都非常熟悉了。但是，可能很多同學不太熟悉的是，近代投向革命的中國的革命黨，並不完全是靠這種起義來舉事的，很多人，包括革命黨，也包括無政府黨人，很多其實是想要通過暗殺，即通過恐怖襲擊，來達成威懾和推

倒滿清統治的目的的。從上表可知，自一九〇〇年起到一九一一年止，幾乎每年，有時一年好幾次會發生革命黨人的暗殺行動，許多暗殺者都犧牲了。從這個情況我們可以知道從一九〇〇年一直到辛亥革命，這樣的暗殺行動一直在持續，而且是愈演愈烈。為什麼在一九〇〇年以前我們很少聽說這樣的暗殺，一九〇〇年以後卻在中國大量出現了呢？

中國歷史上也有過所謂的刺客文化、俠士情結之類的東西。尤其是春秋戰國前後，我們聽說過的刺客的故事比較多。但是，在此之後，尤其是晚清以前上千年來，它從沒有形成為一種政治文化現象。更不曾像近代這樣，會形成一股風潮，人人欲仿而行之。這種風潮的形成，以及暴動，革命，用武力消滅個別人來反對政權的這種個人行為，很大程度上和一九〇〇年以後中國社會和國際社會之間的密切聯繫有關。我簡單地歸納了幾方面的原因，都和歐俄日本當時或此前持續發生的政治刺殺風潮有關，和中國傳統文化無關。

比如我們可以注意到，造成暗殺行動和革命風潮比較風行的一個非常重要的原因，是因為那個時候中國有幾萬留學生在日本，既有改良派或保皇黨人，也有革命黨人。因為在日本活動，他們很大程度上都受到日本人和當時條件下日本社會文化思想的影響。當時的日本，社會主義運動、無政府主義運動也是風靡一時。十九世紀日本的幕府體制曾導致過嚴重的社會矛盾，這種矛盾直接導致了各地的武裝起義和各種戰爭衝突，當時的暗殺行動就很流行。二十世紀初，在日本風行過一陣暗殺行動。這股風潮後來一直延續到二十世紀三十年代，非常多著名的日本政治家都曾參與其間。這種情況，再加上美國用炮艦政策迫使日本政府走上維新之路，一步步發展出強大的日本，這段歷史對中國留學生，對中國很多激進知識份子顯然產生了重要的影響。

除了日本以外，就是從十九世紀到二十世紀初的歐洲的社會動盪和政治衝突，包括各種武力的抗爭，也對剛剛開始面對西方的中國青年人構成了強烈的刺激。當時，特別是一八四八年以前，整個武器，包括各種槍炮的技術發展還比較落後，工人起義相對來講比較多，歐洲各國城市裏的巷戰打得特別多，因為市民隨隨便便就可以自己製造武器，製造槍彈，和政府對抗，即使是外國入侵，民眾也很勇敢地參與抗戰。在這種背景下，歐洲各式各樣的革命，包括武裝的，包括暗殺的，各種暴力的行動此起彼伏，這對於當時剛剛改良維新失敗以後跑到歐洲、美國、日本去的大批中國的知識精英和青年學生來講，影響也是很大的。

由於當時是這樣一種形勢，這樣一種影響，於是，決心反抗異族統治和專制統治的激進青年或革命黨人中間，自然也就出現了一股英雄崇拜的熱潮。當時在中國留學生，以及革命黨人，包括在改良派他們辦的報刊雜誌上，大量出現了很多很多對外國革命者、暗殺者的英雄人物的介紹和宣傳。尤其是革命黨的這些介紹、宣傳，更是如汗牛充棟般的多。比如，一九〇二年以後，就有鄒容的《革命軍》、陳天華的《警世鐘》，以及許多宣傳俄國「民意黨」人刺殺俄皇，主張激烈革命的中文小冊子在日本得到出版。又如，像同盟會的機關報《民報》，從第二期開始，幾乎每期都會登載介紹俄國「民意黨」人，以及日本的、中國的，各種各樣歷史上和近期出現的刺客，介紹這些暗殺者的生平事蹟，把這些人稱為烈士，視為英雄，而且詳細地介紹他們怎麼暗殺，怎麼活動，登他們的大幅照片，圖文並茂地大力宣揚和鼓吹。從一九〇五年到一九〇八年，《民報》總共刊出了五十七幅人物圖畫，涉及這種革命英雄人物的，就有二十幅，占到35%之多。相關介紹各種革命暗殺行動及其著名刺客的文章，更是幾乎期期都有。這種情況不僅反映出當時在海外的激進青年受歐俄日本革命思潮影響的情況，也不難想像到這種宣傳鼓吹對當時的激進青年，包括對革命黨的成員會有多大影響。

不僅孫中山的興中會、同盟會、中華革命黨，乃至於後來中國國民黨的成長，一直受到這樣一種外部影響的作用力，就是中國共產黨的產生，也毫不例外。

中國共產黨產生過程的外部影響究竟有多重要？我這裏引用一段毛澤東的話大家就清楚了。毛澤東在一九四九年的六月三十號，也就是中國共產黨誕生二十八年紀念日前夕，也是其革命成功、新政府建立前夕，發表了一篇很長的文章，叫《論人民民主專政》。他在這篇文章裏總結了他對自一八四〇年以來中國人向學西方和中國革命發生的整個過程與經驗。這個說明直到今天來看，我覺得還是比較準確的。他是這樣寫的：

「自從一九四〇年鴉片戰爭失敗那時起，先進的中國人，經過千辛萬苦，向西方國家尋找真理……中國人向西方學得很不少，但是行不通，理想總是不能實現……國家的情況一天一天壞」。「十月革命一聲炮響，給我們送來了馬克思列寧主義。」「俄國人舉行了十月革命，創立了世界上第一個社會主義國家。」「中國人和全人類對俄國人都另眼相看了。這時，也只是在這時，中國人從思想到生活，才出現了一個嶄新的時期。」「中國人找到馬克思主義，是經過俄國人介紹的。在十月革命以前，中國人不但不知道列寧、史達林，也不知道馬克思、恩格斯。」俄國人幫助了中國人，「用無產階級的宇宙觀作為觀察國家命運的工具，重新考慮自己的問題。」「中國人找到了馬克思列寧主義這個放之四海而皆準的普遍真理，中國的面目就起了變化。」「走俄國人的路——這就是結論。」

毛澤東在這裏講得很直白，也很坦率。意思很清楚，中國人從一八四〇年以後一直在學外國，包括改良，也包括革命，最後從歐俄引入了馬克思列寧主義，並且學了俄國革命的方法，從觀察問題的思想理論，到解決問題的手段方法，統統改變了，這才取得了成功，創造了新中國。

通過上面所講的這些情況，我們可以注意到，實際上從二十世紀初一直到一九二〇年代前後，共產黨產生的這樣一段過程當中，整個國際的大的環境，大的背景對中國革命的產生和發展，形成了很強的刺激。而這個強刺激的關係，我們可以從幾個方面來講。

第一個方面，就是歐美的社會政治運動以及它的所謂社會革命的思想，那個時代裏曾經風起雲湧，對中國人影響巨大。這樣的一些思想主張的介紹，以及它們的傳播，對當時中國的大批知識精英，特別是青年學生形成了很強的刺激。對他們形成現代政治的新思想，自然起了非常大的促進作用。這就不用具體講了。我這裏只講一點，就是這種思想的影響，不是單純的一股潮流的作用。比如，我們知道，除了孫中山的情況比較特殊以外，中國人大批跑到國外去，主要是在戊戌變法之後。像大批中國青年學生湧到日本去，和革命黨人集聚到日本去，大都是在一九〇〇年以後的事情了。戊戌變法，主事的康有為、梁啟超等人，想的是要推動中國學西方的憲政體制。從社會發展的進化階段，這一步選擇理論上也是對的。但是，中國改良派的領袖人物康、梁等人跑到日本，又遊歷了歐美之後，他們的看法卻發生了很大的變化。像康有為就跑去印度開始寫他的《大同書》，批判資本主義，描繪人類理想的共產社會，梁啟超則在他辦的《清議報》和《新民叢報》上，開始連篇累牘地翻譯、介紹起社會主義來了。梁啟超在一九〇二年的時候就已經斷言：十九世紀是資本主義的世紀，而「社會主義將磅礡於二十世紀也明矣」。那意思就是說，十九世紀雖然資本主義全面興起，但是它已經日薄西山，危機重重了，人類的二十世紀肯定將會是社會主義大行其道了。

康有為、梁啟超一生都是反對革命的，他們至多可以接受英國式那種光榮革命，即不流血的，而且是發生在上層內部的政治變革。然而，至少在一九〇三年以前，我們會發現，即使是他們，也難免會受到西方社會主義思潮的強烈衝擊與影響。這其實是個非常重要的信號。這個信號說明瞭什麼？它說明，就像毛澤東上面講的，中國人從一八四〇年以後一直在千方百計地向西方取經學習。在學的過程中，西方社會政治及其思潮其實也在變化。特別是一九〇〇年前後，當他們跑到歐美去的時候，歐美、日本的資本主義恰恰陷入到一個嚴重的動盪期，資本主義自由競爭，弱肉強食，適者生存所帶來的弊病暴露無遺，社會階級嚴重分化，貧富懸殊極其嚴重，資本主義經濟危機持續發生，他們固然看到了資本主義大工業、生產力的強盛，卻沒辦法接受資本主義的混亂和貧富對立。這使得康梁的思想受到很大的衝擊，甚至一度對學西方資本主義的辦法，也產生了嚴重的思想動搖。

有過類似經歷的還有革命黨人孫中山。孫中山是一八九六年跑到英國去的，他在英國也經歷了這樣一個思想轉變的過程。他本來是力主完全照搬美國的一套辦法的，但是在一九〇〇年以後，我們發現，孫中山也變了，他也開始轉向社會主義了。原因也是一個，就是對資本主義現象的震驚和失望，並且清楚地注意西方風起雲湧的工人運動、社會運動以及社會主義思潮的強大影響。在孫中山以及康梁等人看來，中國絕不能走資本主義的老路，重演社會分化和貧富懸殊的悲劇。因為，他們始終相信，中國根本的問題只是窮，社會並無階級之分，至多只有大貧小貧之分，因此既要發展生產力，又要避免染上資本主義的弊病。辦法是什麼呢？康梁他們後來想的是經濟上繼續引入資本主義的方法，在社會政策上做貧富調劑的工作。孫中山則想要走國家資本主義的道路，他主張民族革命，政治革命和社會革命畢其功於一役。在他看來，只要推翻滿人統治，就實現了民族革命；漢人統治實現，順勢也就建成共和制度，也就完成了所謂政治革命。政權既然掌握在懂得未來發展方向的政治家手中，就可以運用國家之力限制資本和平均地權，這樣就可以引入社會主義的方法，一方面繼續大力推動現代工業的建設，另一方面又可以避免資本主義條件下私人資本過度膨脹和競爭，從而防患於未然。

顯然，孫中山對他的這一套設計是非常得意的，他在一九〇五年同盟會成立前，曾經專門跑到比利時第二國際總部去，向第二國際的領導人講道，第一，他希望能夠允許他的黨加入第二國際，共同為世界的社會主義事業奮鬥；第二，他相信中國將會是世界上第一個社會主義國家，因為中國還沒有發生階級分化，一旦中國革命成功，就可以非常容易地一舉推行社會主義的政策，不像歐美發達國家，資本主義弊病已經十分嚴重，社會分化和社會矛盾已經難以調和，非得經過很長時期的革命或改革才能解決問題。孫中山當年提出的三民主義，就是從這個觀點出發的。在他看來，中國第一要實現漢人統治，第二要建立共和政治，第三就是要強國和致富。但是，中國發展生產不能用資本主義的方法，而應該用社會主義的方法。

從上面的例子我們可以看到，進入二十世紀以來，中國人本來按照社會發展的程度，理應是該先去走資本主義的路，先去學資本主義那一套，先去建立共和民主，先去發展經濟，然後才談得到社會主義的。但是，幾乎所有的中國人到了國外以後都發現，資本主義這條路很難走，而且不是中國人所能接受的。雖然康、梁並不認同用革命的方法來達成孫中山所希望的那些目標，堅持要改良，但更多的革命黨人卻想著要抄一條近道，想要一步趕上世界潮流，不要總是跟在歐美資本主義國家後面跑。事實上，中國整個知識精英，無論改良派、革命派，特別是革命派，包括後來的共產黨人，都有這樣的想法和渴望，就是希望能夠趕上，特別是超過西方資本主義，想要少走資本主義走過的彎路，越過那些明顯是災難的發展階段，最好能一步踏入更新的社會發展道路，比如走上社會主義道路等等。這樣情緒，這樣的思想，在中國近現代歷史上影響是非常大的。

第二個方面，就是當時條件下國際帝國主義、殖民主義戰爭和爭奪的大環境的刺激。我們知道，一直到二十世紀的上半期，世界接連爆發了兩次世界大戰，這兩次世界大戰所造成的破壞，人財各方面的損失都是無可限量的。這樣的慘重的戰爭和破壞，很大程度上都跟爭奪殖民地有關。當年西方的資本主義國家，政府以及政治家們經常處在一種強烈的危機感中。這一方面是老牌殖民國家佔據了太多的殖民地，世界上沒有被殖民的地方已經所剩無已了；一方面是資本主義經濟危機持續發生，使得所有資本主義國家的政府都在為擴大原料市場和商品市場，努力保持自身的經濟競爭力發愁。像日本等新興的資本主義國家，這種資源恐慌就更加強烈，他們不能不想方設法地想要爭取世界上最後幾塊可能成為殖民地或可以進一步去瓜分的地方，比如中國。但是，兩次世界大戰既是因為爭奪殖民地所引起的，也給殖民地和受侵略的落後民族帶去了尋求民族獨立和民族平等的強烈思想衝擊。換句話來說，並不是中國一個國家在二十世紀爆發了民族革命，世界大多數的落後國家和民族幾乎在同一個時間裏，都相繼爆發了革命運動。大批的革命黨產生出來，大量的革命家湧現出來了，一個又一個落後民族從不知國家為何物，漸漸一個又一個地宣告了自己的獨立。我們可以注意到，第一次世界大戰結束以後，為瞭解決各個國家之間的矛盾，當時成立了一個叫「國際聯盟」的組織，這個組織當時的成員有五十個國家；到了第二次世界大戰結束，大家重新成立一個國際組織，即所謂「聯合國」組織，當時參加國是五十六個國家。這說明，在整個二十世紀頭半期，世界上已經形成為現代民族國家的，一直只不過是這五十多個。但是，今天的聯合國成員國有多少個國家呢？有二〇〇多個國家。這說明，自第二次世界大戰結束，即一九四五年以後半個多世紀，整個世界發生了翻天覆地的變化。當然，最初許多國家還是靠革命才得到獨立的資格的，等到後來，民族獨立、民族自決已經成為一種世界潮流，那些僅存的宗主國也無法繼續維繫原來的殖民關係了，往往只要當地居民通過投票就可以選擇要否獨立建國了。「民族自決」的觀念，是美國總統威爾遜，以及俄國革命領導人列寧，在二十世紀早期相繼公開主張和倡導的。經過第一次世界大戰沒能解決問題，經過第二次世界大戰，這一觀念已經成為世人的一種共識。很顯然，中國革命，在很大程度上也正是得益於這種思想主張的提出與影響。當然，這種世界共識的達成，也與包括中國在內的許多落後國家謀求獨立的不懈追求有關。

第三個方面，就是俄國革命的影響。俄國革命在一九一七年爆發過兩次，第一次是二月革命，第二次是十月革命。兩次革命都對中國形成了很強烈的刺激，特別是第二次。第二次，也就是十月革命的影響不僅僅是對中國共產黨的誕生發生了決定性的作用，它對一直深陷於失敗陰影中的國民黨整個的崛起與發展，也起到了非常重大的作用。我們不用細講，大家非常清楚孫中山一直到一九二二年以前，或者我們可以說到一九二三年以前，孫中山在整個中國革命或者說在中國當時的政治較力當中，一直是處在一種非常微妙的地位上的。他因為辛亥革命前持續地發動革命，在國人中贏得了聲望。而他在辛亥革命後一度被十四省推舉為中華民國臨時大總統，也為他日後在對抗北洋政府的南方各派割據勢力中取得某種象徵性的統帥地位，取得了政治資本。但是，孫中山除了保持著他的一部分追隨者的有力影響以外，他始終沒有控制過一塊地盤，也沒有能夠建立起一支軍隊，更不曾發動過一次成功的反對北洋政府的軍事行動。他名義上做過幾任大元帥或臨時大總統，卻從沒有能夠真正控制住一個政府，哪怕是他自己名下的所謂大元帥府。孫中山是怎麼起家的呢？孫中山起家有兩次，第一次主要是靠日本人的幫助。在辛亥革命成功前，我們可以清楚地發現，孫中山及其同盟會的主要支持者，很多都是日本人。以至於辛亥革命成功，各省推舉孫中山任臨時大總統，孫中山從海外回國，就帶了一批日本人來南京臨時政府裏面擔任各種各樣顧問的職務，就連孫中山的秘書也都是日本人。很顯然，孫中山當時孤家寡人，他要想把這個臨時政府維持下去，更是必須要借助於日本人的幫忙，得到日本財閥的金錢援助。而後來，也正是因為日本政府不支持他，南京政府無法維持，孫中山才不得不交出到手的權力，把政權交給了袁世凱。孫中山不是沒有組成過自己的軍隊，只是他所成立的第一支革命黨的軍隊，也是在日本人的幫助下建立起來的。那是在一九一六年，當時第一次世界大戰爆發，日本打著參加協約國的旗號，以對德宣戰為名，對中國出兵，佔領了德國割占的中國的膠東半島。因為日本人想要有效控制膠東半島，擴大它的範圍，因此，他們就援助了孫中山的中華革命黨一大批武器，並提供給孫中山一塊活動的地盤，並且幫助孫中山選派了一批日本顧問，包括日本的軍官、浪人，幫助孫中山組成了一支「中華革命黨東北軍」。這支軍隊曾經日本人佔領的青島、濰坊組建了軍部和師部，成立了幾個團，並以日本佔領地為後方，對當時的中國政府展開了作戰，打下了當時山東的六個縣。後來因為日本人要扶持袁世凱，不再支持他，以至這支軍隊最終也沒有能夠維持下來。

孫中山真正的崛起，不是靠日本人，而是靠蘇聯。蘇聯從一九二三年開始，開始給孫中山投錢，派顧問，包括建軍校，建銀行，後來一直給武器，包括幫助孫改組國民黨，參與組織作戰等等，這些幫助最有效地促成了過去組織鬆散、毫無力量的國民黨在幾年時間裏迅速壯大起來，並且一一收拾了廣東地區的軍閥勢力，並建成了一個統一的政府和一支統一的軍隊。所以，我們可以很清楚地看出，不要說共產黨，即使是國民黨在中國的成功，都離不開這種外來的影響和援助。

當然毫無疑問，我們不用再具體講共產黨的成功和蘇聯的關係了。我最後要再強調的一點，就是地理距離的問題。我們看二戰以後或一九五〇年代的世界地圖，我們可以很清楚地發現，在距離蘇聯周邊的國家中，大部分都是共產黨國家。包括中國、蒙古、朝鮮，越南，以及東歐的那些國家，基本都圍著蘇聯生長出來的。只有一九六〇年代初通過政變取得政權，後來轉變成共產黨國家的古巴，是唯一一個例外。為什麼會發生這種情況，應該不用太具體解釋什麼。在整個中國的民族革命過程中，還是在中國共產革命的過程中，我們都可以很清楚地發現，這種地理上的距離給了願意接受蘇聯幫助和援助的中國政治派別多大的便利。蘇聯之所以容易在中國革命中起作用，一個很重要的條件，就是因為近，有共同邊界，有最近的海路，隔著太平洋的美國不用說，就是隔海相望的日本，也沒有如此的便利條件。中共成長過程中所得到各種各樣的，無論是財政的，無論是技術的，無論是軍事各方面的資源，許多都是因為雙方之間存在著這樣一個便利的地理條件。那麼長的邊界誰想封也封不了，甚至中國共產黨的代表大會都可以弄到莫斯科去開，就是因為很容易就能把中國人弄到俄國去。

不用說得太多了。所有這些都非常清楚的說明，中國的革命會走到後來那個程度，包括國民黨，包括共產黨，都離不開蘇聯的作用與影響。好，因為時間關係，我就講到這裏，謝謝大家。

周言　楊臻整理

辛亥革命中譚延闓

陳永發

我不是做辛亥革命研究的，我也從來不做辛亥革命的研究，雖然我念書時有所涉獵。我的專業是中國近代史或者說是東亞近代史，當然東亞近代史是以中國為主，中國近代史又以中國共產黨的歷史為主，因此基本上我沒有對辛亥革命做過多深入的研究。但是周言先生實在是很有辦法，他把我說服了來做這個演講。我準備的演講內容是《辛亥革命中的譚延闓》，大概很多人並不知道譚延闓是誰，這個沒關係，等一下再說。而重點是我自己的一些基本觀點。

晚清到民國這段時間，光從時間上來講，不管中國原本是什麼樣子的，中國一定要從傳統的中國中變。所以在這變的過程中間，我覺得有各式各樣的政治立場，有改良派，有革命派，其實在清朝的內部，晚清最後的十年，大家都知道新政基本上也採取了革命派的一些做法。在革命派之外，自然當時相應的還有保守派等其他的派別。這些人，有的是提出一些方案，或者有的實際上是在領導中國，因而這段時間也是中國的讀書人參與最多的時候，都想著怎樣改造這個國家。然而辛亥革命對我而言，是全新的，完全不同，因為它最後採取的方式，它的做法等各方面對當時的社會產生了很大的影響，而這些影響會造成很多的問題，在處理這些問題時又產生了很多的紛爭，有些問題至今我們看來依舊沒有得到解決，而且可能還是在繼續，等待解決。但我知道的主要有三個問題：

第一，辛亥革命採取的是革命派，基本講的是革命派這方面，主張的是種族革命。其實在晚清革命之前，大家都知道最能夠激動人心的就是種族問題。其實今天我們來談過去的歷史的話，我想對於滿洲人入關的事情，我們有很大的誇張和誇大，比如嘉定三屠就有很大的誇張，其實大部分執行殺戮的都是漢人，至少占了一半以上。另外的話大家都知道旗人，所謂旗人進關的時候有二十萬人，其實裏面只有五萬人是真正滿人，另外五萬是漢人，剩下的是其他族人，所以旗人本身來講是個種族團，從血緣上不是一個單一，單純的民族，但不管怎樣，晚清種族主義是一個很大的問題，很大的挑戰。然而，辛亥革命一來，馬上就碰到這樣一個問題，就是漢人要想推翻滿清，要獨立，要恢復政權，要驅除韃虜，那其他民族怎麼辦？眾所周知，這個問題從民國以後就越來越複雜，這時的國際形勢，還有國內的形勢，還有外蒙古獨立種種，你們都知道孫中山先生在民國一成立的時候講五族共和，可是這雖然有些用處，減少了很多內部的屠殺，但基本上種族的問題是一個大問題。

第二個問題也是最大的問題，就是帝制，帝制終結。因為革命的話，帝制一定要終結，終結了以後怎麼辦，要重新建立一個什麼樣的制度，當然大家都知道是建立民國，建立一個代表老百姓的，以民權為主的一個國家，新的國家，那這個國家怎麼樣再重新建構，這是一個非常複雜的問題，裏面有各式各樣的爭論。所以這個問題，在民國辛亥革命一爆發，就出現了很多紛爭，比如我們這個社會是不是應該形成行政權獨大的，還是要形成三權分立，還是形成兩權分立，等等類似這樣的制度上的問題爭論，因為所有的制度基本上背後牽涉到權力的重新分配問題，而這是一個很大的問題。怎樣建立一個好的制度，能讓眾人滿意，而且能真正按照民主政府，或者共和國政府的理想來實施，這是一個挑戰，而且大家都知道，這個問題到今天為止依舊沒有得到解決，剛剛提到的改革問題，政治改革的問題，其實也是這一系列問題落下來的。

第三個是軍隊的問題，辛亥革命採取的是軍事的革命，這個軍隊一革命的話就一定會涉及到擴張軍隊，軍隊控制的問題，而且這個軍隊在某一部分是政治化的一個軍隊，這軍隊會不會把手伸到其他的部門，然後如何去控制它，這些都是個問題。

當然剛剛提到的辛亥革命對於傳統中國道德倫常的衝擊，這也是很重要的，但我覺得這問題牽涉的更廣，因為這涉及到所有制度背後的基本基礎，架構的問題，辛亥革命以來這百年中間這個問題貫穿始終，假如我們採取這樣的觀點來看待問題的話，我們就會發現這個問題還在繼續，所以說辛亥革命並沒有真正解決本質上的問題，因為辛亥革命採取的這種形式，這種做法，它所形成的問題，造成的問題，很多都依舊在繼續。我們如何處理，這是個巨大的架構問題。

所以對我來看，我從來不會覺得，因為我總覺得過去把革命給美化掉了。我們講了太多的革命，而且我們覺得反正革命就是好的。管你是做什麼，是不是不擇手段做什麼都可以，亂七八糟的事情都可以。去偷去搶幹革命都可以。而且還有很多其他方面的。第二個不管是臺灣，我是在臺灣長大的，至少說國民黨要壟斷整個歷史去製造革命這個傳統。對革命這個東西，他是談它自己的一部分，談它的貢獻，談它的正面。這些正面我想都是存在的。可是它這個遺產是怎麼樣延續。同時最近你們在大陸講的《建黨偉業》電影，我也看了，也是這樣的，很奇怪本來是國民黨老祖宗辦的事情。結果共產黨又通通把它接受了，至少在建黨偉業裏通通接收了。其實那時候很多人還不是共產黨，這是很奇怪的一個電影。但從後面的角度他們想合法化他們的政權會去製造很多煙霧，誤解，扭曲。但從更大的觀念來看，我們可以容忍這些人。因為他們在傳統的中國轉型成一個現代化民主國家中間，他們都做出了很大的貢獻。

其實這點想到了剛剛大家談的新政，記得我剛到美國念書，第一個看到的文章是芮瑪麗寫的叫做《晚清的新政》（編者注 Mary Clabaugh Wright.《The Last Stand of Chinese Conservatism: The T'ung-Chih Restoration, 1862–1874》），這文章裏講得很清楚，你可以看到那時候真好，清朝沒那麼好過，但清朝新政的基礎是從改良派來的。改良派這些人也有自己的想法看法，他們也想積極的貢獻。甚至我在某些地方講，我也不否認袁世凱在辛亥革命中加速了中國的轉型。我們不能因為後來袁世凱想做皇帝就把他所有的事情一筆勾銷。

這是我的開場白，我的報告重點是講譚延闓這個人，譚延闓是湖南督軍，他是晚清一個很有意思的人，他父親做過陝甘總督，兩廣總督，閩浙總督，但他媽媽大家想不到是他同父異母哥哥的奴僕出身的，他有南方人和北方人兩方面的性格。他對他媽媽非常好，他在很多地方非常傳統，很多行為也很保守，可是也非常非常開通。但是他是晚清最後一場考試考國家狀元，他是全國最後一次考試，那個考試不是按照正常錄取，就是叫恩科，為了結束科舉制度考得那個東西，然後結果全國考試他是第一名，聽說他本來差點要做狀元，因為慈禧太后不喜歡譚嗣同，譚嗣同跟他是很好的朋友。但是重點是他受到這些改良派的影響，後來變成一個立憲派的人。他是傳統讀書人出身，受傳統科舉教育，但是他後來變成一個改良派與立憲派。但是在立憲活動運動中間他參加過兩次運動，一次運動是叫做收回鐵路路權運動，另一個是指請開國會運動。這兩個事情都有點開風氣之先。這個收回路權跟馬上開國會這兩件事情都被當做這個救國的唯一萬靈丹。所以他那時候他也積極參加。這個東西剛才張鳴已經講過，因為晚清在處理這個事情上的收權造成很多的改良派的離心離德，還有其他方面的失策。

譚延闓在考科舉的時候，最後考殿試的時候在殿裏面看到晚清大官來巡視，他覺得這些人真奇怪，這些人又年輕，好像少不更事，什麼也不會，什麼也不懂，竟然考他們這些全國科舉進士。他覺得很奇怪，你知道嗎？晚清皇室貴族的的確確有問題，所以他們才做出很奇怪的收攏政權，不該收攏的權力他也要集權中央。其實有的東西譚延闓承認集權中央是對的，比如鐵路這個東西他覺得是對的。他後來很後悔當年情緒太激動參加這些活動，而且對請開國會他也覺得是不對的，因為中國人沒有那樣的水準，一下子弄了沒有用，但這時候不管。

但我的重點，是譚在一九一一年參加了湖南國民黨革命派的陣營，湖南革命最早的是個叫焦達峰的，他是會黨裏面出身的。可是譚延闓他不願自己出面，但他看到大勢情形，他也認為應該順應辛亥革命這個潮流。因為他自己有那個忠君觀念，他至少不願意做帶頭的人。但是一旦起義開始，他也參加，他以前是革命黨人黃興的老朋友，跟黃興有很好的關係。後來跟中央也有很好的關係。我想講的是革命在湖南發生以後，產生了幾個現象：

第一個現像是軍隊，因為湖北革命黨在打仗，他需要人家支援，尤其當時黃興最希望湖南的軍隊去支援，所以他們必須擴張軍隊，然後把軍隊帶到湖北去打仗。

擴軍的情形有兩個後果：第一個後果是擴張這麼大的軍隊本身需要錢，鈔票是非常重要的。那個時候本來湖南有一五〇〇〇人的軍隊，一擴軍一招兵就變成六七萬人，原來大概花二〇〇多萬去養這些軍隊，現在一擴軍要花八〇〇多萬。加上軍隊良莠不齊，雖然有的人強調招來的兵都是傳統的下層民眾尤其是會黨裏面的人，可有的人會強調很多學生也參加。其實毛主席也參加，他的薪水是一個月八塊錢，可是他只要花兩三塊吃飯就夠了。剩下很多錢可以訂報紙。訂報紙的話就天天去看。為什麼呢？軍隊沒有武器，訓練很少。軍隊讓他們去挑水。毛主席不愛勞動，所以從來不挑水。但軍隊雖然有學生，但是整個來講軍隊的素質是有問題的。

我的重點是說，這個軍隊跑到湖北打仗的表現怎麼樣，送到湖北打仗的是三支軍隊，第一支軍隊就是當年革命剛開始的時候由新軍低級軍官組成的。第二支軍隊由會黨擴充新招的人。第三支軍隊大概是和第二支類似的情形。我先從第二支軍隊講，出去的時候第一第二支軍隊到湖北都非常勇敢，主帥統統請命到前線去支援去。第一支軍隊去的時候這只軍隊什麼武器裝備也沒有，到了湖北的時候，他們的軍隊在漢陽和滿洲馮國璋的軍隊對峙的時候，這些人他們沒有衣服，由於天氣下雨太冷了，每人身上背著稻草，躲在小房裏。

一直等到上級來催，催了他們才去。一上前線怎麼樣呢？從來見過機關槍也沒見過炮彈，馬上就崩潰了。

另外一支軍隊算好的是新軍的，受過至少兩三年的訓練。這些軍隊去了，這些人當時擴軍。去之前大家都升官，現在要打仗，新兵不行了，所以把新兵退掉。把舊的留下來。所以去了，打仗還不錯。可是這些軍隊也有問題，雖然裝備比較好，至少有雨傘，也會有點槍支，有點技術訓練，所以比較持久，知道怎麼衝鋒。可是真到清軍大量使用武器時候也是潰退。正是由於湖南兩邊的軍隊紛紛潰退，中間湖北的軍隊也一起潰退，潰退的時候怎麼樣。黃興帶著學生軍在後面督陣，看哪個逃就槍斃掉，可是沒有用，所以漢口很快就丟掉了。那守湖南的新軍怎麼樣呢？就是新軍的軍隊加上劉玉堂的軍隊，因為湖北漢陽兵工廠的廠長是湖南人，所以他們認為武器都是要給湖南的。還好當時袁世凱不太動，因為要逼迫清帝退位，所以袁世凱是相當不錯的。

第三支軍隊出去，帶兵的叫劉玉堂，他去的時候所有的軍隊抗議不要去。原因是沒有衣服，沒有開拔費，劉玉堂說要開拔費可以，但四個月的太多了，衣服我保證到前線提供，這些人還是不動。劉玉堂就說我是北方人，不是湖南人，我是為你們湖南人打仗啊，你們不去，我一個人去，我死在那裏，看你們怎麼樣。這些軍隊才動，動了到前線去，他身先士卒很勇敢被炮給打死了。

另外一支軍隊好像守住漢陽一段時間，可是等到馮國璋軍隊正式開始攻擊就守不住漢陽，整個潰退到武昌。這是當時三支軍隊的情形，這些軍隊回到湖南的時候，那內部狀況怎麼樣呢，一塌糊塗，你爭我奪。認為自己辛亥革命長沙起義是首功，這些恃功的軍隊你根本控制不住，張鳴有談到第二支軍隊，他特別提到這支軍隊的高度民主化，所以對軍隊他用了一個詞「俄國的第一號命令」下了，第一號命令是什麼，沙俄軍隊裏的重要決策，打仗統統要通過下層士兵代表以蘇維埃形式做決定。你要知道如果一個軍隊這樣搞的話，就沒辦法打仗。其實張鳴講得很對，其實這個命令是沙皇軍隊解體最根本的原因。俄國紅軍起初建立沒有民主化的問題。這是軍隊民主化的後果。因為打仗打到最後從湖北撤退軍隊會自由行動，自由行動是很奇怪的。十個人五十個人就跑掉了，指揮官根本沒辦法指揮軍隊。人家請他打仗，他就在那哭。除了哭還是哭。另外指揮官開始酗酒。

指揮官是日本士官學校畢業的，我要提到一個指揮官，他是日本士官學校畢業的。你們不知道日本士官學校的四五六三期是念一年的。日本士官學校不是日本軍官學校，要搞清楚。日本士官學校畢業出來只能當見習士官。我們的蔣中正那時還沒有進士官學校，他要先做見習士兵，士兵見習完，才能念士官學校。他們這些人回到中國兩三年馬上漂白。清政府對他們很不錯，每個人考試讓他們當舉人，舉人相當於高中畢業。薪水一百三十兩銀子一個月。這已經很高很高了，毛澤東的薪水才十塊錢不到。他們還可以坐轎子，所以這些人以為跟日本士官一起念書，沒這回事。所以剛講軍隊有問題，指揮官又有問題，民主化有問題，還有軍隊士兵的功臣思想。那這樣的軍隊回湖南，月費八百萬兩要養他們，怎麼去養？這是很痛苦的。有意思的是譚延闓有這個辦法——把軍隊統統裁光。他的辦法很多，當然退休的人他給了不少錢，他花了一百多萬。他說長痛不如短痛。第二個你們首義有功給你們一些錢。另外大官送到北京去當將軍去，士官學校一九〇八年畢業一九〇九年回到中國。他們的日本的同學還在做少尉中尉，回到中國馬上當少將中將。到北京都督府講課去。用一種類似杯酒釋兵權的方法。譚延闓竟然能做到這一點，我覺得很不容易。然後他想重新建立新軍，建立了好幾次，時間很短，於是都沒有實現。

等到馬上沒有多久就二次革命，二次革命譚延闓是反對的，可是沒有辦法參加。由於軍隊的軍事革命產生了一些問題，加上大家一開始沒有處理好，有很多問題實際上就擱置了，這是第一。第二個我是講了政治方面，我要講到一個很有意思的事情。大家都很清楚講到民國成立的制度以後，民國的制度是很奇怪的。孫中山先生當總統採取的是總統制，袁世凱當總統採取的是英國的內閣總理制。其實孫中山先生做了四十五天總統就辭職了，和袁世凱談判，談判以後袁世凱讓清帝退位。所以袁世凱要變成中國第二任大總統，他必須也要走民主的路線，開國會。

國會在湖南是怎樣一個情形呢？湖南其實一開始的時候，因為焦達峰當總督，所以焦達峰擴軍擴的隨便，隨便給錢，隨便給官位，弄得一塌糊塗。所以譚延闓想出一個辦法，因為譚延闓那時候是晚清最早的湖南諮議局的議長，他們找了人向焦達峰提出建議，成立一個臨時參議院。這個參議院還沒有成立就垮掉了。這個參議院不是沒有成立，已經成立了就把這個東西拿去給焦達峰看，焦達峰同意了。成立一個參議院可以兩權對立，讓議會控制監督都督府的花錢擴軍，這是他當時的設想。可是還沒有成功，就讓焦達峰給弄掉了。焦達峰也搞袁世凱一樣的東西，他自己開個會，製造個民意，我要把你這個解散掉，因為這本身是都督府的官治和民治的衝突問題。譚延闓到最後也沒有辦法，焦達峰已經講了，你們哪一個要反對公民會議的決定，你們就是叛國。所以譚延闓辭職。

可是沒有多久，焦達峰的政府做了十天就垮掉了。譚延闓成立了自己的政府，他恢復議會，可是恢復後的議會和他的都督府中間也有了了矛盾衝突，因此變成了兩權的分立對峙。譚延闓自己承認換了屁股也換了腦袋，這才真正理解到被議會監督控制是蠻困難的事。不過他畢竟是晚清諮議局的議會改良派的代表，從制度層次上，他沒有做什麼事情。可他下麵的革命黨人不一樣了。這些人會找軍隊講議會管得太多了，你們預算會被切斷，叫軍隊去搗蛋。最厲害的革命黨人會怎麼樣呢？乾脆也製造一個公民團體，還自己開了一個學校。把學生統統帶去包圍議會，說要解散議會，把議長趕走了，侮辱人家。這都不是譚延闓做的事情，是下面革命派極端分子做的事情。譚延闓當北京的袁世凱政府下命令來的時候，他就是替革命黨掩飾，因為他需要國民黨革命派幫忙。但是他還是要議會繼續存在，問題在於南北議和了，孫中山讓位了，由袁世凱當總統，那開始選舉議會。

這裏面要告訴大家，這次議會選舉是非常有意思的事情，因為這次議會的選舉開始的時候是中國的選舉人口第一次由不到百分之一升高到百分之二十。因為是民主嘛，所以本來是二十五歲的人才能投票，現在二十一歲就能投票。本來需要五千元的財產，現只需五百元。本來要高中畢業，現在初中或小學畢業就可以。所以人數增加很多。但這次選舉從一開始就叫人覺得是很奇怪的一次選舉。因為當時我剛剛講過，宋教仁那時候想當國務總理，他希望將來的中國是由國會選舉總統。然後由國會最大的黨主持內閣。總統是沒有權力的，所有的權力在國務總理手上，這叫做政黨政治。但是要贏得政黨政治，他想出來的辦法是很有意思，就是把國民黨擴大，所以會犧牲黨綱包容這些其他的黨。最重要的在湖南成立了國民黨支部。宋對譚延闓講，我接下來當國務總理，你來當內務總長。不過你還可以當你的都督。至於你能不能分身，你在北京把官交給仇鼇做，現在任令仇鼇為民政司司長，專門負責選舉。

當時選舉的時候只要你不是國民黨，大概你就很倒楣。這次選舉的結果怎麼樣，省議會選舉的結果百分之九十都是國民黨籍。這裏面原始民選比例多少我不得而知。但參議員是要民選的，要省議員來選的，宋教仁假如沒有選上，他就不能當國務總理。可是整個宋教仁怎麼選上的過程是非常有意思的，是靠舞弊出來的。怎麼舞弊，很簡單，選完了要投票，宋教仁在三月二十號晚上被刺殺，投票是三月二十號開始，湖南人只知道三月二十號被刺殺，不知道他死了沒有。可是選的時候沒有人選他。因為總選不出來，議員是下午才來，國民黨總部就很緊張，就規定國民黨籍只能投國民黨的票，怎麼確保呢？很簡單。投票的時候在上面寫字，本來用屏風擋著，現在把屏風拿掉，然後成立監察院。要求每個人必須亮票，這樣子選宋教仁還是選不出來，可也還是只能用這種方法。回到家裏，譚延闓心裏很難過，他是議長，學過議會覺得這樣不可以。所以第二天他換了一個方法，可投下來宋教仁是不及格，連半數都沒過。後來大家又吵，沒辦法又恢復亮票制度，這樣子宋全票當選。但是上海電報來了宋教仁死掉了。結合後續動作你就知道這些議員從來沒有想到這是什麼樣的政治，只是拼命做交換生意。這就是中國的議會政治。

後面的事情我不多談了，我的意思是說這個制度就很麻煩，其實還有另外一個法律制度，也是這個問題。你們大家都以為法律獨立權是天經地義的事，從來沒有一個獨立的法律制度要花多少鈔票。而且法律人才從哪裡來？剛成立法律的時候，那些司法官很多都有問題，不是全部。所以制度的安排整個來講的話是一個很困擾的事情。但是譚延闓要去處理這個問題，但不管怎樣，他在任內他的議會得以繼續存在，最後只是袁世凱用了當年革命黨對付他的議會同樣的方法，也是公民投票，然後包圍解散國會。這個沒有制度的概念。但是譚延闓在這兩個事情我都覺得處理得不錯。

回到辛亥革命，你可以說革命是宏圖大業，但還是要付諸譚延闓這樣具體的操作，這我想到了一件很簡單的事，想到在一九四三年毛澤東罵王實味：「王實味你做醫生，只管開病方，從不管病人死活」，他罵的很簡單，其實王實味不是醫生，他也沒有開病方。我看中國激烈的革命派，我不知道他們在幹什麼，腦袋裏有沒有想清楚。他們沒有想到革命基本上是一件很嚴肅很嚴重的事情，有很多時候自己也要檢討反省。也不要在那裏亂叫，很多的問題最後弄得很複雜。用毛澤東的話來要求毛，我覺得後來毛大概也有同樣的問題。他專門給別人看病，看了半天治病救人，結果治得三千萬人餓死，這是很奇怪的事情。所以當政者也要檢討反省，因為從事以革命改造中國，從事推動中國轉型是了不起的事業，需要慎之又慎。

喬海玉／整理　周言／校

後記

二〇一一年十月二十九日至三十日，辛亥百年論壇在哈佛大學召開，會議由哈佛大學留學生學術團體哈佛大學中國（北岸）學社主辦，哈佛大學費正清中心協辦，贊助方為中道網及博源基金會。

哈佛大學燕京學社社長裴宜理教授應邀為會議論文集寫序，並對會議的召開表示祝賀。哈佛大學費正清中心主任柯偉林教授出席開幕式並做了會議主題報告。中國大陸學者袁偉時、楊天石、楊奎松、朱英等教授出席大會，臺灣地區中央研究院院士陳永發與會，美國威斯康星大學麥迪森校區愛德華茲弗里德曼應邀為大會做主題報告。美國余英時、林毓生等教授、大陸地區章開沅等教授，臺灣地區張朋園等教授因故未能與會，但都以各種形式對論壇的召開表示祝賀。某些未能出席的學者應邀提交了學術論文。

大陸學者、辛亥革命研究開創者、華中師範大學教授章開沅先生應邀為論文集題詞，美國普林斯頓大學榮休教授余英時先生向此次論壇發來賀信，我們再次向兩位史學界的前輩表示由衷的謝意。

本書精選了會議論文集中具有代表性質的論文，加上後來整理的學者發言，出版以饗讀者。望讀者不吝賜教。

編者

二〇一二年四月二十八日

新・座標10　PC0241

新銳文創
INDEPENDENT & UNIQUE

未完成的革命

——辛亥革命論壇演講錄

編　　者	周　言、方　曌
主　　編	蔡登山
責任編輯	林千惠
圖文排版	王思敏
封面設計	王嵩賀

出版策劃	新銳文創
發 行 人	宋政坤
法律顧問	毛國樑　律師
製作發行	秀威資訊科技股份有限公司
	114 台北市內湖區瑞光路76巷65號1樓
	電話：+886-2-2796-3638　傳真：+886-2-2796-1377
	服務信箱：service@showwe.com.tw
	http://www.showwe.com.tw
郵政劃撥	19563868　戶名：秀威資訊科技股份有限公司
展售門市	國家書店【松江門市】
	104 台北市中山區松江路209號1樓
	電話：+886-2-2518-0207　傳真：+886-2-2518-0778
網路訂購	秀威網路書店：http://www.bodbooks.com.tw
	國家網路書店：http://www.govbooks.com.tw

出版日期	2012年8月　初版
定　　價	260元

國家圖書館出版品預行編目

未完成的革命：辛亥革命論壇演講錄 / 周言, 方曌主編.
-- 初版. -- 臺北市：新銳文創, 2012.08
面； 公分.
ISBN 978-986-6094-95-8（平裝）

1. 辛亥革命 2. 文集

628.19 101012364

讀者回函卡

感謝您購買本書，為提升服務品質，請填妥以下資料，將讀者回函卡直接寄回或傳真本公司，收到您的寶貴意見後，我們會收藏記錄及檢討，謝謝！如您需要了解本公司最新出版書目、購書優惠或企劃活動，歡迎您上網查詢或下載相關資料：http:// www.showwe.com.tw

您購買的書名：________________________________

出生日期：________年________月________日

學歷：□高中（含）以下　□大專　□研究所（含）以上

職業：□製造業　□金融業　□資訊業　□軍警　□傳播業　□自由業

　　　□服務業　□公務員　□教職　□學生　□家管　□其它_____

購書地點：□網路書店　□實體書店　□書展　□郵購　□贈閱　□其他

您從何得知本書的消息？

□網路書店　□實體書店　□網路搜尋　□電子報　□書訊　□雜誌

□傳播媒體　□親友推薦　□網站推薦　□部落格　□其他__________

您對本書的評價：（請填代號　1.非常滿意　2.滿意　3.尚可　4.再改進）

封面設計____　版面編排____　內容____　文／譯筆____　價格____

讀完書後您覺得：

□很有收穫　□有收穫　□收穫不多　□沒收穫

對我們的建議：________________________________

____

____

____

請貼
郵票

11466
台北市內湖區瑞光路 76 巷 65 號 1 樓
秀威資訊科技股份有限公司 收
BOD 數位出版事業部

（請沿線對折寄回，謝謝！）

姓　名：________________ 年齡：________ 性別：□女　□男

郵遞區號：□□□□□

地　址：____

聯絡電話：(日) ________________ (夜) ________________

E-mail：____